Baseball's
BEST EXCUSES

Baseball's
BEST EXCUSES

Hilarious Excuses
Every Baseball Player
Should Know

JOSHUA SHIFRIN, PhD

Skyhorse Publishing

Skyhorse Publishing books may be purchased in bulk at special discounts for sales promotion, corporate gifts, fund-raising, or educational purposes. Special editions can also be created to specifications. For details, contact the Special Sales Department, Skyhorse Publishing, 307 West 36th Street, 11th Floor, New York, NY 10018 or info@skyhorsepublishing.com.

Skyhorse® and Skyhorse Publishing® are registered trademarks of Skyhorse Publishing, Inc.®, a Delaware corporation.

Visit our website at www.skyhorsepublishing.com.

10 9 8 7 6 5 4 3 2 1

Library of Congress Cataloging-in-Publication Data is available on file.

Cover design by David Ter-Avanesyan
Cover image by Ian Baker
Interior images by Ian Baker

ISBN: 978-1-5107-7584-8
Ebook ISBN: 978-1-5107-7585-5

Printed in China

Contents

Introduction

It's no wonder that baseball has been one of the world's favorite sports for more than a century. When one thinks of our national pastime, it often evokes images of green grass, long summer days, hot dogs, Cracker Jack, and cold beer. This great game has also produced some of the larger-than-life sports legends that dreams are made of. From Honus Wagner, Ty Cobb, Cy Young, Walter Johnson, Babe Ruth, Joe DiMaggio, Mickey Mantle, Willie Mays, and Ted Williams to the more recent stars including Derek Jeter, David Ortiz, Jacob deGrom, Mike Trout, and Shohei Ohtani, the list seemingly stretches on and on. And as great as these superstars are, what always amazes me is the amount of failure they endure.

It's been said that one of the hardest things in sports is to hit a round ball with a round bat. It's no wonder that Reggie Jackson, one of the greatest hitters to ever play the game, also currently holds the record for the most career strikeouts by a batter with 2,597. And incredibly, if a hitter is able to succeed at the plate a mere 30 percent of the time, he'll likely end up in the Hall of Fame. With all of this failure, what are the players and fans supposed to do?

Luckily, for as long as there have been strikeouts, walks, and butchered plays in the field, there have also been tried and tested excuses to explain this ineptitude. From classics like, "The ump is squeezing me" and "The pitcher was doctoring the ball," to the lesser known, "I changed my pregame meal" and "I can't pick up the ball due to the white signage in the outfield," there are literally hundreds of excuses ballplayers use to explain their mishaps.

So whether you're in the majors, in Little League, or just a fan of this great sport, there is no need to look elsewhere. When you need an excuse to explain why you struck out three times, walked the bases loaded, committed several errors, or need to defend your favorite team even though they're 20 games under .500 by the All-Star break, you'll have all of the ammunition you need with *Baseball's Best Excuses*.

Professional Excuses

As my parents always told me, if you want to be the best, you have to learn from the best. So without further ado, here are some of the best baseball excuses ever uttered by the professionals.

Billy Loes

"I lost it in the sun" is a popular excuse that has been used countless times by outfielders who were blinded while botching fly balls. However, a classic use of the phrase came in the 1952 World Series between the Brooklyn Dodgers and the New York Yankees. With the Dodgers leading three games to two, they were also up by a score of 2–1 in the seventh inning of Game Six. The title was in sight when future Hall of Famer Yogi Berra hit a home run off of pitcher Billy Loes to tie the score. Then, after a single and a balk, Vic Raschi hit a ball off Loes's leg to score what proved to be the winning run. Loes would later quip, "I never saw Raschi's hit at all. The sun got in my eyes. I just felt it bang into my knee." The Yankees would go on to win the game and the title in seven games. Yet years later, the contest is remembered as much for Loes's remark that he lost a ground ball in the sun as for the Yankees' victory.

Alex Rodriquez

Alex Rodriquez is likely one of the most talented players to ever play the game. And thanks to his gift, A-Rod received hundreds of millions of dollars over the course of his career. The money really started to pour in when the slugger signed a huge deal in 2001 with the Texas Rangers. However, as baseball fans are now well aware, Alex would eventually admit to using steroids after years of denials. The man who would ultimately end his career with a .295 batting average, 696 home runs, more than 2,000 RBIs and runs scored, more than 3,000 hits, and more than 300 stolen bases explained his malfeasance with the following excuse:

"When I arrived in Texas in 2001, I felt an enormous amount of pressure. I felt like I had all the weight of the world on top of me and I needed to perform, and perform at a high level every day. I did take a banned substance. And for that, I am very sorry and deeply regretful."

While some may have empathy for the former superstar, it appears that most fans have adopted the sentiments of some of the best chefs in the world by saying, "A-Rod, if you couldn't handle the heat, you never should have entered the kitchen."

Joe Morgan

In the 1970s, the Cincinnati Reds "Big Red Machine" was a force to be reckoned with. However, it wasn't all roses and rainbows. In the late '70s, when the pitching staff was struggling, the great Joe Morgan offered this classic excuse to explain his team's pitching woes:

"All our pitchers were trying to pitch like [Tom] Seaver. They can't. No one can. They sit there and watch Seaver pitch and say to themselves, *Hey, I want to be a pitcher. I want to move the ball around.* Fine, if you have the ability. By the time the pitching staff got over that, it was too late."

So clearly, the Reds' pitchers would have been just fine if they weren't trying to emulate one of the best hurlers of all-time. Sorry, Joe, but we're not buying it.

Rafael Palmeiro

As any baseball fan is well aware, the steroid era produced some riveting baseball, and thereafter many, *many* excuses. But in the author's humble opinion, one of the best faux pas came from Rafael Palmeiro. First, Rafael denied using steroids in front of Congress in 2005. The problem for the Cuban American was that Major League Baseball later did their own investigation and determined that Rafael did have a banned substance in his system. Then, in a 2006 interview with the *Baltimore Sun*, Palmeiro tried to explain his position with the following:

"I was telling the truth then, and I am telling the truth now. I don't know what else I can say. I have never taken steroids. For people who think I took steroids intentionally, I'm never going to convince them. But I hope the voters judge my career fairly and don't look at one mistake."

Ummm … okay. For a guy who'd clearly stated to Congress just a year earlier that he had never taken steroids, the perennial All-Star sure seemed to be talking out of both sides of his mouth.

Sammy Sosa

Sammy Sosa was considered one of the best home run hitters in the history of baseball until he was widely assumed to be using steroids. But this next excuse adds insult to injury. In 2003, Sosa stepped up to the plate in the first inning with his Cubs battling the Tampa Bay Devil Rays at Wrigley Field. With runners on second and third and one out, Sosa shattered his bat while hitting a grounder to second baseman Marlon Anderson. Initially, it seemed like a benign ground out. However, upon further inspection, pieces of cork were found in the shards that strew upon the field. Plate umpire Tim McClelland met with his crew and then ejected the Cubs' star for using a corked bat. Sosa termed the incident "an innocent mistake" and said that he only used that bat for batting practice and inadvertently used it in a game. Umm… okay, Sammy. And I have a bridge that I'd like to sell you in Brooklyn.

Jeff Kent

On March 1, 2002, Giants second baseman and 2000 NL MVP Jeff Kent broke his wrist and would miss the rest of spring training as well as several regular season games. When asked about his bad luck, Kent stated that he was washing his truck when he fell from the cab, tumbling six feet to the ground, which resulted in the fracture.

Unfortunately for Kent, several witnesses saw him doing stunts on his motorcycle, which was clearly prohibited in his contract, and also saw him take a nasty fall. It appears that if Kent told the truth, he would forfeit a large part of his paycheck for performing the ill-advised stunt. So Kent seemingly made a calculated decision and refused to speak about it further, stating:

"I think what is sad is that this incident has become bigger than the game. There are so many good things that happen on this field with this team that are good for baseball. I'm not going to comment anymore on the issue. This is becoming bigger and bigger, and if people want to give it wings, go ahead."

Did You Know?

The greatest baseball player of all time, Babe Ruth, had a top salary of $80,000 in 1930 and 1931. When you adjust for inflation, that is worth approximately $1.4 million today. Just for comparison, the average Major League Baseball player in 2022 made $4.41 million and the highest salary in 2022 was paid to New York Mets pitcher Max Scherzer, who earned $43,333,333.

Despite a stellar career, years later, when the name of Jeff Kent is mentioned, the first thing many fans recall is the dubious excuse from 2002.

Clint Barmes

In 2005, the Colorado Rockies' shortstop, Clint Barmes, took a nasty spill and broke his collarbone. When asked about his misfortune, Barmes stated that he was carrying a bag of groceries up the stairs to his apartment when he simply slipped and took a hard fall onto his left shoulder. Sounds legitimate, right??? Well, come to find out that in actuality, Barmes was carrying a heavy load of deer meet that was a gift from his teammate, Todd Helton, when he took his misstep and sustained the injury. To be honest, I don't know why Barmes had to make the unsubstantiated excuse. I, for one, think it's a hell of a story.

Bill Lee

Normally, spring training excuses don't carry much traction. However, when there is a real doozy, it can make even the most casual of fans stand up and take notice. Bill Lee of the Boston Red Sox is not a name that rolls off the tongue when BoSox fans list their team's legendary players. Yet Lee is often remembered for one of the most outlandish excuses in the proud history of the franchise when the pitcher blamed his hyperextended elbow, and his subsequent time away from the mound, on Commissioner Bowie Kuhn. It appears that Lee wasn't a big fan of Kuhn's designated hitter rule, and went on to claim that "every species that's become extinct has done so because of overspecialization." My guess is that when Lee's big-league career ended, he likely didn't have a future as a biologist. But we do thank him for one whammy of an excuse.

Joe Niekro

Joe Niekro had an impressive 22-year career thanks to an uncanny ability to throw a knuckleball. However, Joe is also remembered for one over-the-top excuse. In 1987, Niekro was caught with a nail file in his pocket. To everyone with a heartbeat, it was obvious that the pitcher was using the file to doctor the ball. However, with his back against the wall, Joe said that he was filing his nails in the dugout and just happened to have the nail file in his pocket while on the mound. Clearly, Major League Baseball was not buying this excuse and handed the pitcher a 10-game suspension. Good effort, Joe.

Manny Ramirez

Manny Ramirez was by all accounts one of the most talented baseball players of his generation. However, the expression, it's just "Manny being Manny," was often used to explain the mercurial athlete. But in 2009, even by Ramirez's standards, he was over the top, testing positive for a banned substance. What was the illegal drug, you ask? Believe it or not, Ramirez had human chorionic gonadotropin in his system, which is generally used in women's fertility care. After being caught red-handed, the player from the Dominican Republic explained his gaffe as follows:

"Recently, I saw a physician for a personal health issue. He gave me a medication, not a steroid, which he thought was okay to give me." Subsequently, Manny was given a 50-game suspension. To add insult to injury, Ramirez would later receive a 100-game suspension for once again testing positive.

Did You Know?

The shortest player to ever play in a major-league game was Eddie Gaedel. He was three feet seven inches tall and was put into the game as a "stunt" by St. Louis Browns owner Bill Veeck.

Excuses for the Rest of Us

I f the aforementioned professional excuses don't do the trick, not to worry! I'm sure you'll be able to utilize one of the following excuses to explain your woeful play.

Hitting

Trying to make solid contact when an incredibly fast-moving orb is hurling at you, with a piece of wood in your hands, with only a fraction of a second to react, is probably one of the most difficult tasks in all of sports. Thankfully, there are many ways to explain your woeful proficiency at the plate.

"Even the best players only succeed three times out of ten."

Baseball is a tough game. Anyone who has ever picked up a piece of lumber and has attempted to hit a fast-moving sphere can attest to that. But sometimes, when things are going poorly, and you're in a major slump, it can feel like trying to hit a bb coming out of a gun. Ahh … but not to despair, the next time you're in an 0-for-20 slump, just go back to the dugout with your head held high and tell any of your teammates that will listen, and especially your coach that's about to bench you, that it's really not that big of a deal. In reality, "Even Hall of Famers fail seven out of ten times."

"It's the bat."

As a hitter, there are many pieces of equipment that can be helpful. From the right helmet, to the batting gloves, shoes, and protective gear. However, clearly, the most important weapon is the bat. From aluminum to wood, heavy to light, long to short, the right club can, at times, truly be the difference between trotting around the bases and heading back to the dugout with your tail between your legs. So the next time things don't go your way in the batter's box, don't despair, and let your teammates know, "I just can't hit with this particular bat."

"The manager made me take the first pitch."

"Three strikes and you're out" is one of the first expressions every Little Leaguer learns on their first trip to the park. And with only three attempts, everyone who knows even the first thing about baseball will clearly understand how hard it is to get to first base. But what happens when you step out of the box, take a look at the manager for a sign, and the coach gives you the old "take" sign? To make things worse, the pitcher grooves a fastball right in your sweet spot, leaving you with your bat on your shoulder. "Strike one!" And if the inevitable occurs, and you end up hearing "strike two" and then "strike three," just know deep down that it wasn't your fault. It was the manager who made you take the first pitch.

Did You Know?

Don Richard "Richie" Ashburn was a center fielder, broadcaster, beloved figure in Philadelphia, and in 1995 was inducted into the Baseball Hall of Fame. However, the man who would go by the nicknames of "Putt-Putt," "The Tilden Flash," and "Whitey," due to his light blond hair, is also remembered for a bizarre incident. On August 17, 1957, Ashburn hit spectator Alice Roth with a foul ball and actually broke her nose. And incredibly, as Roth was being carted off of the field on a stretcher, Richie hit another foul ball during the same at bat that hit the weary fan, this time breaking a bone in her knee.

"I can't hit slow pitching."

In many aspects of life, we, as humans, are challenged with obstacles. We can either back down in defeat, or rise to meet these hurdles. And mankind has shown time and time again that we are often able to overcome even some of the most daunting challenges. We truly are limited by the expectations that are put before us. This is true from the great game of baseball as well. How else can you explain how a player can hit a 100-mile-an-hour pitch from only 60 feet, six inches away?

However, as a society, we also regularly play down to our competition. When we are not duly inspired, it often leads to an utterly poor performance. Therefore, when the pitcher from the end of the staff is throwing softballs, and you make an out anyway, explain it with, "I just can't hit slow pitching."

"I can't hit lefties/righties."

As all batters are well aware, hitting is one of the most difficult parts of the game. But when a pitcher and the batter both have the same dominant hand, the slugger is at a real disadvantage. For example, a right-handed batter normally has a much harder time against a right-handed pitcher, and conversely, a left-handed batter will struggle against a southpaw hurler. That's the main reason some batters choose to switch-hit, even though they are more gifted from their natural side of the plate. So the next time you go down in despair, try letting anyone that will listen know that, "I simply can't hit lefties/righties."

"I can't hit a fastball/curveball/slider/changeup, etc."

Similarly to the last excuse, some players are simply more adept at hitting certain pitches. While some batters feed off of the heat, others will make a living smacking the slider. Some hitters love the off-speed pitches, while others love the fastball. Conversely, many ballplayers really struggle to make contact with specific pitches, striking out time and time again on the same junk. So the next time you go down 1-2-3 on the same toss, explain it with, "I just can't hit that type of pitch."

"The umpire didn't grant me time."

Baseball, at times, can be a game of cat and mouse, with the pitcher and the batter both trying to find their respective rhythm. When a batter is hot at the plate, the hurler will often step off the rubber, or make his rival wait in the box. The hitter, on the other hand, will often ask the umpire to make the pitcher pause while they step away from the plate in order to throw off their momentum. However, there are occasions when the umpire wants to get on with the game and won't grant a request to slow down the play. So the next time you put your hand up asking for a delay, the ump ignores you, and you strike out, tell your teammates, "That damn umpire wouldn't grant me time."

"I was looking for a different pitch."

In the great game of baseball, a batter has to make a decision as to whether or not to swing at a pitch in a fraction of a second. And due to the fact that a player has so little time to make an offer at a ball while at the plate, at times they will make an educated guess regarding what the pitcher is going to do before they hurl it. Thus, when you have two strikes and are guessing the pitch will be off-speed, only to see a fastball right down the middle that freezes you in your tracks, just tell 'em "I was looking for a different pitch."

Did You Know?

St. Louis Cardinals outfielder Joe Medwick was the only major leaguer to ever be ejected from a game for his own safety. The incident occurred during the 1934 World Series when the man who was also known as "Ducky" was pelted with fruits and vegetables by the angry crowd after a hard slide. When later asked about the incident, a bewildered Medwick was quoted as saying, "I knew why they threw them. What I don't understand is why they brought them to the ballpark in the first place."

"I just barely missed that pitch."

Baseball is truly a game of inches. Very often, the margin between success and failure is razor thin. And if the baseball gods aren't with you, what looks like a dinger can be an excruciating long foul ball. What looks like a double in the gap can lead to heartbreak when it ends up finding the sprinting outfielder's glove. Hence, when you put a good swing on the ball, only to end up with a slow walk back to the sidelines in frustration, let anyone who will listen know, "I just slightly missed that pitch."

"I can't bunt."

So you consider yourself a slugger. You like taking a big swipe at the ball. You pride yourself on driving runs in and hitting the round-trippers. But what happens when you have no choice but to play small ball? Baseball can often be a game of reacting to the situation. Sure, you're the cleanup hitter. But when your team is down by one in the ninth inning with less than two outs and a runner on first, the manager may just give you the old bunt sign. Yet when the inevitable happens, and you fail to lay down the offering and advance your teammate, not to worry. Just say, "I hit dingers, but I clearly can't bunt."

Did You Know?

In 1920, Babe Ruth hit an incredible 54 home runs.
To put that in perspective, that was more long balls
than any other team hit in the American League
that same year.

"I don't have my batting gloves."

Like any good craftsman, baseball players require the right tools to be successful. What would a carpenter do without their favorite hammer? What would a plumber do without their trusty wrench? And similarly, a baseball player needs several pieces of equipment to be at their best. As many fans of the sport have witnessed, many hitters will adjust their batting gloves literally between each pitch. And without these trusty mitts, many players would be lost at the plate. So the next time you go down 1-2-3, walk back to the dugout rubbing your painful hands and say, "I just didn't have the right batting gloves."

"That hit should have been a dinger, but the wind held it up."

You're in Chicago, "The Windy City." The opposing pitcher is throwing heat and you are thinking if you can just make contact with the ball, it will recoil off the bat like it was shot out of a cannon. Now you're at the plate with a count of 2-2. The next offering will likely be in the strike zone because the pitcher doesn't want to go to a full count. You're looking for another fastball and here it comes, a dart moving at a hundred mph. You lock your eyes on it, remembering the classic advice, "See the ball, hit the ball." Now you take a mighty swing, full force, and the crack of the bat gets a huge roar from the crowd because this one is going to clear the fence for sure. It's so obvious that you go into your home-run trot and don't look up until you're about to round first base, but now you hear a loud collective groan because the wind is blowing in hard from the outfield and your huge smash turns out to be an easy out for the center fielder about 20 feet in front of the wall. "Damn that wind!" you holler. "That should have been a dinger!"

Did You Know?

The "Splendid Splinter," Ted Williams, arguably the greatest hitter of all time, had 20-10 vision and the highest on base percentage in the history of baseball at .482.

"I ripped it right at the fielder."

As previously mentioned, baseball, like life, takes some luck to reach the highest level. For example, a ground ball that's a couple of feet to the left or right can be the difference between an RBI or a double play. Furthermore, every player who has ever stepped into the box knows the feeling of putting a bad swing on the ball or hitting the pitch off the end of the bat, only to have the elation of watching it bloop down the line for a stand-up double. However, when the baseball gods are angry, you may put great wood on the ball, only to end up making a big fat out. So the next time you pound the ball, only to end up with nothing to show for it, just say, "I ripped it right at the fielder."

"A bug flew in my eye."

I guess there's no such thing as a perfect day. Take today, for example. Not a cloud in the sky, 75 degrees, couldn't be better. But there you are, standing on first after lining a single to center field, and taking a careful lead while the pitcher goes into his motion. You're doing a little dance to distract him when you feel something in your eye. You stop your dance to blink, then suddenly feel something hard touching your arm. The umpire barks "You're out!" Damn! The pitcher caught you napping and the first baseman tagged you out. To make it worse, the two of them are having a good laugh at your expense. But what can you do? You walk into the dugout, still rubbing your eye while your teammates are ready to give you hell, but you hold out your palm and say, "I don't want to hear about it! A bug flew in my eye!"

"The guy batting after me is terrible."

There are a lot of factors that go into a good at-bat. Skill, confidence, the right conditions, etc. But clearly it helps if you're getting good pitches to hit. As astute players and fans are well aware, many opposing teams will pitch around a hitter if the next batter is weaker. Conversely, if the following slugger is a stud, the current batter will get more pitches to hit in fear of walking them to only face the next hitter with a runner on base. Therefore, if you're not getting any decent

pitches to swing at, and your batting average is dropping faster than the mercury in February, explain it with, "I'm just not getting any support from the hitters behind me."

Did You Know?

One of the all-time Yankee greats, outfielder Dave Winfield was arrested in 1983 for cruelty to animals when a police officer, and several fans, reported that Winfield killed a seagull deliberately by purposely throwing the ball at the bird. Winfield claimed it was an accident.

"I didn't have the right amount of pine tar on my bat."

Baseball is clearly a game of precision, and there can be a very thin line between success and failure. Many players will tell you that if everything isn't just so, they simply can't play at the highest level. In an effort to win, many players will try to gain even the slightest of advantages. And many batters feel that one way to gain an edge is to use pine tar. Yet there are certain rules about using the sticky substance that can get you in trouble. Don't believe me? Just Google, "George Brett pine tar" and watch the Royals' slugger hit a home run, only to be subsequently called out for violating the pine tar rule (though the ruling was eventually overturned). So on your next miscue at the plate, just say, "I definitely miscalculated the amount of pine tar I needed."

"The manager wouldn't let me take the bat off of my shoulder."

You can't be at your best all the time. After all, last month you were on fire, batting .340 during home games and an even .300 on the road. But all good things come to an end, and lately you are in a horrendous slump, currently 0-for-16 at the plate, four straight games without reaching first. But you're still playing a steady third base, and you have the best arm in the infield, so the manager has kept you in the lineup. Now you're on deck and the manager reminds you that you're 0-for-4 again tonight, so he wants you to fake out the pitcher by swinging the bat aggressively while warming up but never swinging while at the plate, and hoping for a walk. So you end up getting called out on strikes, and then tell your teammates, "He wouldn't let me take the bat off of my shoulder."

"The umpire changed his eyeglass prescription the day after he called me out on strikes."

As long as human beings have been playing sports, they've been complaining about the officiating. And over the years, baseball players have come up with plenty of zingers to explain why the umpires have been squeezing the life out of them. Of course there is "The ump probably bet on the other team." You've probably also heard, "That guy couldn't make it in the Little League." But first and foremost, ballplayers have grumbled about the umpires' vision. So the next time you get punched out and are looking for an explanation, just say, "That umpire clearly needs new glasses."

"I just need to break out of this slump."

There's an old expression that "momentum builds momentum." It can be easy to be successful when things are going your way. Conversely, when life is throwing lemons at you, it can be difficult to make lemonade. The same is true in this great sport. When you've been hot, and your confidence is riding high, it seems like nothing can go wrong. However, when you can't seem to hit your way out of a paper bag, getting on base can seem more daunting than for a long-tailed cat in a room full of rocking chairs. But don't despair. When you're two for your last 40, explain it with, "I just need to break out of this slump."

"My batting helmet's face protector obscured my vision."

So you'd like to be a tough guy. You play all out and with a lot of grit. And at the end of the day, if your uniform isn't covered in dirt, you know you haven't given it your all. Unfortunately, you have an Achilles' heel. That's right, you have an overprotective parent that insists that you wear a face protector while at the plate. It's just so embarrassing, but there is no alternative. It's either play with the extra protection, or don't play at all. But I say why not use this to your advantage. The next time you go 0-for-5, just tell your coach, "I would be batting .400 if it wasn't for the face protector obscuring my vision."

Did You Know?

Hall of Fame pitcher Hoyt Wilhelm hit a home run in his very first major league at-bat as a 28-year-old rookie. And while his terrific career lasted for 21 more years, he never hit another dinger.

"My favorite bat just splintered."

Most professionals have a favorite tool of their trade. A chef may have a preferred knife, a teacher has a desired pen, and a ballet dancer likely has their lucky pair of dancing slippers. Baseball players normally follow suit. But what happens when the beloved weapon isn't available? What happens when you hit one off of the end of the bat, or up close to the handle, and your master tool shatters into pieces? Of course, the inevitable follows, and you go zero for your next 10. But not to despair. It can all be explained with, "It's not my fault … my favorite bat just splintered."

"I was distracted by the jewelry the pitcher was wearing."
As has been stated, hitting a baseball well is an incredibly difficult endeavor. It's challenging enough with the crowd noise, the signs, and all of the many distractions that come with the territory. So the next time the hurler is wearing a big gold chain and strikes you out on three pitches,

tell your compatriots, "I was just so darn distracted by all of the jewelry that the pitcher was wearing."

Did You Know?

One of the greatest hitters of all time, Red Sox Hall of Famer Ted Williams, once tossed his bat in anger. Unfortunately, the bat struck his landlady in the stands … while she was sitting in a seat that Williams had actually given to her.

"How can I get a hit when the opposing pitcher keeps trying to bean me?"

Sure, you've been known to crowd the plate a bit, but you're entitled to use the entire batter's box and by God you're going to use every inch of it. Of course the pitcher may take exception and consequently buzz your head with a couple of heaters in an attempt to move you back a bit. Clearly, any mere mortal would be shaken a bit with a 90-plus mile an hour rocket coming at their head. So when the inevitable happens, and you weakly ground out, feel free to explain your miserable performance with, "How in the world am I supposed to get comfortable at the plate with this maniac throwing at my noggin?"

"My bat had a crack and I didn't have another."

Similarly to the last excuse, what happens if your luck is even worse? Let me paint you an ugly picture. You're not a big shot in the majors with lots of money or equipment at your disposal. To the contrary, you're a Little Leaguer or weekend warrior who is big on dreams but low on talent. You show up to the game with your best bat … which happens to be your only one. With Murphy's Law rearing its angry head, you notice a slight crack in your lumber. With no other choice, you carry on. You step into the box and take a mighty swipe, but your inferior stick only produces a popup to second. What can you say but, "My bat had a crack and it was my only one."

"The pitcher was doctoring the ball."

There's an expression in sports that goes something like, "If you're not cheating, you're not trying hard enough." From stealing signs, corked bats, sliding into a base with your spikes held high, and so on, the list of ways to cheat goes on and on. And for as long as deceitful practices have been taking place, pitchers have been also trying out to figure out how to get the upper hand. Between spitballs, Vaseline, nail files, etc., some hurlers have always looked for an unethical edge. Consequently, the next time you're at the plate, and the ball moves in ways that defy the laws of physics, just say, "Cleary, the pitcher was doctoring the baseball."

"I'm still used to the aluminum bats I used in Little League."

One of the advantages of Little League, high school, and college ball is that hitters are permitted to use aluminum, as opposed to wooden, bats. This obviously results in more power and an increase in overall offense. However, if you're one of the lucky ones to get called up to pro ball, where old-fashioned lumber is required at the plate, and you've started your new career in a horrendous slump, before your new team can send you packing, make sure to explain your woes by saying, "I'm still not used to batting with a wooden stick."

"The pitcher was in the zone."

There are times in life when it's as if you can do no wrong—when your confidence is soaring and everything is going your way. This state of bliss is often referred to as "being in the zone." And in sports, there is no better feeling … unless, of course, you're on the receiving end. As we all know, hitting is difficult enough on a regular day. But when the pitcher is on fire it can be nearly impossible. There's an old saying in this great sport that "good pitching beats good hitting." So the next time the hurler makes you look like a complete fool at the plate, just say, "What could I do? The pitcher was in the zone."

Did You Know?

Joseph Wheeler Sewell played for the Cleveland Indians and New York Yankees and was elected to the Hall of Fame in 1977. Despite a terrific career, arguably his most incredible feat came during the 1930 season when he only struck out three times during the whole season (353 at-bats). Ironically, however, two of the strikeouts came in the same game.

"I only struck out because this umpire's strike zone is a foot too wide."

Unlike most other sports, a unique aspect of baseball revolves around the umpires. Depending on who is behind the plate, the hitter may need to alter their approach to jive with the umpire's strike zone. Yet it's not always an easy adjustment. So the next time you are batting with two strikes, and lay off a pitch that seems well outside the zone, only to get rung up by an overzealous umpire, as you walk back to the dugout feel free to mutter under your breath, "Come on … that ball must have been a foot off of the plate."

"I can't see the ball."

This next excuse is hard to explain, unless of course you've been in the trenches. As every hitter who has been around the block can attest, there are times when you just can't pick up that racing sphere. It's not because of a vision problem, or because something is impairing your sight. It just seems as if you can't get a good bead on the ball. Therefore, if you need an excuse that's tried and true, even if it doesn't seem to make much scientific sense, just tell your teammates, "I'm not sure why, but I just can't seem to be able to see the ball."

"The third-base coach scratched his nose and I thought it was a bunt signal."

Played at the highest level, baseball is a game of incredible athleticism. But there's a lot more than jacked-up players hitting 450-foot bombs and throwing 100 mile an hour fastballs. Ask anyone who has played this great game and they'll tell you there's a lot of strategy involved as well. For example, having the players field in the optimal position, when to take a pitch, the intentional walk, a well-timed hit and run. When you think about it, the nuance of the game is part of what makes it so exciting. However, the next time your team is down by three runs in the bottom of the ninth, your team has two outs with runners on first and second and you thought it would be a good idea to lay down a bunt, just tell your angry teammates, "The third base-coach scratched his nose and it looked like it was a signal to bunt."

Pitching

Now that it's been dutifully established that hitting is quite difficult, it begs the question what about pitching? Trying to throw a roughly five-ounce ball that is only approximately nine inches in circumference with speed and spin to cross a 17-inch square plate with two of its corners removed is, let's just say, not easy. But when you factor in that you often have a behemoth standing 60 feet, six inches away trying to knock your efforts 500 feet into oblivion … well … it's a good thing there are plenty of excuses to help a pitcher get through the lineup.

"It's just too darn humid!"

The dog days of summer. Lazy, warm doubleheaders. Some of the best days in sports start with green grass, a well-groomed infield, a blue sky, and the sun beating down. Yet if things aren't going your way, you can also use this to your advantage. We've all been there. You're on the mound and you can't seem to throw the ball into the ocean. Your ERA is going up faster than the stock market in a terrific bull market, and you've walked the bases full. The manager has you on a short leash and you just know you're about to get the hook. So why not wind up, rear back, and throw the next pitch 10 feet over the catcher's head? Then, when your skipper comes out grumbling under his breath, simply tell him, "I just couldn't get a decent grip on the ball. It's just too darn humid!"

Did You Know?

On May 13, 1954, hurler Robin Roberts set down 27 straight batters with no walks, hits, or errors. Yet Roberts wasn't credited with a rare perfect game as he actually served up a home run to the game's leadoff batter.

"I was too nervous."

We've all been there. Whether it's a big test, your wedding proposal, or the school play, we've all felt the butterflies in our stomachs. Some of the best performers can harness that anxiety and use it to their advantage. But if you're like the rest of us, that pit in your chest can make even the simplest of endeavors hard to complete. When you add in trying to throw a baseball accurately, any pitcher who has been on the mound can tell you how difficult it is … especially when you're feeling the jitters. Therefore, if you've walked the last three batters on 12 pitches, and your skipper comes out to give you the hook, just say, "What can I tell you? My nerves got the best of me."

"I hurt my shoulder."

It's not easy to be a pitcher. Besides the fact that the whole team is counting on you, and the mental stress that can create, there's obviously a physical toll as well. After throwing anywhere from 50 to 100 pitches at a time, it's no surprise why hurlers end up sinking the arms in a bath of ice water. But what happens if you've got aches and pains? As you can guess, it can be nearly impossible to toss a good game. Consequently, if you end up getting knocked out of the game in the second inning, just say, "I tweaked my shoulder and just couldn't throw effectively."

"The mound isn't groomed properly."

It's hard enough to throw that magic bean, but if the conditions aren't just right, it can be darn near impossible. From the right weather conditions, to a proper warm-up, and manicured fingernails, everything needs to fall into place. So it goes without saying that if the mound isn't perfect, it will drive most pitchers crazy. Thus, if you end up having an outing you'd rather forget, explain it with, "How can I expect to pitch well when the mound is in such bad shape?!"

Did You Know?

Jim Abbott was born without a right hand.
However, Abbott didn't let this hold him back and
ended up pitching in the big leagues for 10 seasons.
Incredibly, Abbott threw a no-hitter while
pitching for the Yankees in 1993 against
the Cleveland Indians.

"I'm not warmed up yet."

The pitcher is cruising along without a care in the world. They're mowing down hitters as easily as the summer grass. Then, without warning, they get into trouble. A base hit, a walk, an error, and before you know it the game's in peril. The manager calls the bullpen and the reliever gets up in a hurry. But before you know it, the starter has given up a bases-clearing double and the skipper has seen enough. That's when you come in, only to load the bases yourself. The pitching coach comes out to give some advice, but of course that doesn't help and the next batter launches one right out of the park. Needless to say, you're headed to the showers. But before you go, just explain your woes with, "I obviously didn't have enough time to properly warm up."

"There was no rosin bag."

Ever since the great game of baseball has been played, the contestants have been looking to gain any type of advantage possible. When it comes to pitching, one of the main ways to improve performance is to get a better grip on the ball. While hurlers often stoop to illegal methods, one ethical way is to go to the rosin bag. With a little bit of this magical substance on your hands, it can greatly enhance the ability to grip the ball and consequently throw more effective pitches. But what happens when it's hot out and sweat is dripping down your arms and onto your hands? And to make it worse, what happens when there is no way to get a better grip on the ball? If you feel the orb slipping out of your fingers, and you've completely lost control, tell your teammates, "What could I do? There wasn't a rosin bag in sight."

"I just had Tommy John Surgery."

For as long as players have been lacing up their cleats, injuries have been a part of the game. And for those on the mound, for years a torn elbow ligament meant the end of one's career. But that all changed in 1974 when Los Angeles Dodgers hurler Tommy John injured his elbow and became the first player to undergo ulnar collateral ligament reconstruction surgery. After the operation was a success, the procedure was named after John. Thankfully, countless players have had their careers resurrected with this life-altering surgery. But like anything, it takes time to recover and find your previous form. Therefore, if you're making a comeback, and it's not going as planned, just explain it with, "Hey, what do you expect? I just had Tommy John surgery and obviously it's going to take a while to recover."

"The runner on second was stealing signs."

Succeeding in baseball, as in life, often requires the subtle art of surprise. Using a suicide squeeze, a brushback pitch, or swiping a base at just the right time can often be the difference between the thrill of victory and the agony of defeat. And as every good pair of batterymates knows, keeping the hitter guessing is essential. But what happens when the offense breaks one of baseball's unwritten rules and starts stealing signs? Sure, if you catch it on time, your team can put an end to it … normally by subtly, or not so subtly, throwing an inside pitch to brush the batter off the plate. However, if this breach in etiquette goes unnoticed, your opponents will continue their deceitful ways and you'll likely end up taking an early shower. So the next time there is a runner on second, and the hitter seems to be waiting for your off-speed pitch like he knew it was coming and blasts it deep into the night, just explain it with, "Clearly, the runner on second was stealing our signs."

"The batter was clearly using something to his advantage."
As we've discussed, pitchers will use all sorts of methods
(both legal and illegal) to gain an advantage. But what happens when the batters are skirting the rules as well? Let me
paint you a picture. It's the dog days of summer. The sun is
overhead. It's been a long game. And you're on the mound
and gassed. But the hitter is bouncing around like the

Energizer Bunny. You rear back, give it everything you've got in the tank, and the jacked-up player in the box turns on your pitch, launching it into the upper deck. As your frustrated skipper comes to the mound to give you the hook, just tell 'em, "What could I do? That guy either has a superpower or access to PEDs."

Did You Know?

In 1976, knuckleballer Joe Niekro hit his one and only home run of his career. Ironically, the pitcher that served up the dinger was his brother, Phil Niekro ... who was also a knuckleballer.

"The batters were so darn lucky."

As mentioned in the hitting section, sometimes you just need a little bit of luck. Sure, pitching takes skill, hard work, and a hell of a lot of practice. But there are always going to be those days when the baseball gods just seem to have it in for you. We've all seen it. There is one out, the bases are loaded, you have a slow runner at the plate, and your sinker produces that perfect potential double-play ground ball. I think you can all see where this is going. The grounder ends up finding the hole, however, and drives in two. Or your perfect pitch on the inside corner breaks the hitter's bat, but the flare ends up blooping right inside the foul line and rolls around while the hitter ends up sliding safely into third. Therefore, the next time you are yanked early, just tell anyone who will listen, "Their offense got so darn lucky."

Did You Know?

On June 12, 1970, Pittsburgh Pirates pitcher Dock Ellis threw a no-hitter against the San Diego Padres while under the influence of LSD.

"I have a blister on my finger."

Pitchers are known to be perfectionists. And if everything isn't just right, it can drive a hurler insane. And of course a thrower's arm and hand have to be in perfect condition to be at their best. That's precisely why many pitchers will stretch continuously and ice their arms often. Yet even with the best of intentions, things can, and do, often go awry. Consequently, if you have complete control, and then the next minute you can't seem to find the plate with a compass, you can always explain it with, "I developed a blister on my index finger and lost my feel for the ball."

"The balls were wound too tightly."

For as long as baseball professionals have been making changes to the baseballs, players have been complaining about it. They're too light, too heavy, you can't get a good grip … you name it. Hitters have often complained that the balls are dead, and conversely, pitchers have argued that the little white orbs are flying out of the park. So if you're on the mound and have given up multiple dingers, just say, "These darn balls are wound way too tightly."

Did You Know?

Don Larsen is best remembered for throwing
the only perfect game in World Series history.
However, the day wasn't actually "perfect"
for Larsen, as his wife filed for divorce
just before the start of the game.

"I was aiming the ball."

Practice, practice, practice, and then just go out and play. Of course, you need to have an extreme focus to play sports at the highest level, but sometimes you can simply over-think the situation. And this normally seems to happen at the most inopportune of times, when the game is on the line. Pitching is no different. Sure, the player on the mound needs to focus. But as any manager will tell you, it's important to throw freely and with unabashed abandon. Therefore, the next time you can't find the plate, just tell your mates, "The game got into my head and I was trying to aim the ball."

Did You Know?

As all baseball fans are well aware, Babe Ruth is one of the greatest home run hitters of all time. However, he almost never had a chance to prove it. Because Ruth was the most dominant left-handed pitcher of his time, his Red Sox manager, Ed Barrow, didn't want to mess with success and play him in the field. When Barrow finally relented, and let the Bambino play on his non-pitching days, the slugger hit dingers on four consecutive days, and the rest, as they say, is history.

"I couldn't control my fastball/curveball/slider/ changeup, etc."

In most aspects of life, in order to be at your best, you need your full arsenal at your disposal. A psychologist needs all of their therapeutic strategies readily available. A laborer needs all of their best tools. And clearly, a pitcher needs to have control of all of their best pitches. As we all know, however, if a hurler loses command of just one of his pitches, the hitters will sit on the others. Consequently, if you're having a poor outing, explain it with, "I just couldn't control my best pitch."

"The ball is bad."

You're a lefty and your slider is working great. You've struck out several right-handed batters by starting the ball way outside, and then watching as they turn in and catch the corner of the plate for called strikes. The batters just stand there like statues with the bat on their shoulder, unable to believe that you can make the ball move that far. Then one guy lunges at your first pitch and ticks it off the end of his bat and into the dirt. The umpire inspects the ball, decides it's playable, and throws it back to you. The next pitch stays outside and doesn't move. This happens four times in a row, so the batter gets a free pass to first. You inspect the ball yourself. It looks okay, but you're sure there's something wrong with it. You ask he ump to come to the mound and say, "Something's wrong, ump. My pitches aren't moving like they were before. This has to be a bad ball."

Did You Know?

Jackie Mitchell, a female pitcher for the Class A Chattanooga Lookouts, struck out Babe Ruth and Lou Gehrig in succession during an exhibition game when she was only 17 years old.

"The batter must have been using a corked bat."

Historically, blaming your opponent for cheating has been done for years, so I say, why stop now? Therefore, the next time you throw one of your best pitches, only to see the batter take a weak swing while the ball still goes sailing over the wall, you can just state the following: "What can you do when the hitter is using a corked bat?!"

"I felt sorry for the hitter, so I grooved them a pitch."

Sometimes we forget, but athletes are just human beings, with a full set of emotions just like the rest of us. Sure, many are cutthroat and want to win at any cost. However, some also have a soft side. So what happens when you're on the mound, mowing down hitters, and you're facing the number-nine hitter, who is in a huge slump? And to add to your sentiments, let's just say that this pitiful player is nearing the end of his career. Lastly, let's assume that the unthinkable happens, and

this same batter rips your fastball right over the wall. No need to worry, just tell your teammates, "What can I say? I'm a softy. I felt so bad for the guy that I grooved 'em a pitch."

"The batter continuously stepped out of the box."

You've seen this before. You're on the pitching mound and trying to find your rhythm, but just as you start to go into your windup, the batter holds up his hand to call time and backs away from the plate. This happens time and time again, so you ask the umpire to intervene, but he tells you the batter is entitled to reset. Now, every time you go into your windup, you don't know if you'll actually be able to finish or whether you'll be interrupted again. Despite trying to stay calm and concentrate, you're simply unable to do so—the batter has gotten into your head and you walk him on four pitches. Finally, your manager comes to the mound to settle you down. You respond by saying, "You have to talk to the ump, Coach. I can't concentrate when the batter keeps stepping out of the box."

Did You Know?

Pitcher Virgil Trucks had a lowly record of 5 wins and 19 losses in 1952. Yet incredibly, two of Trucks's wins were no-hitters.

"The fans behind home plate were distracting."

Baseball takes focus, concentration, athleticism, and precision. And these skills are all on display when a pitcher is trying to throw a little, white, spherical orb into a small area 60 feet, six inches away with speed and spin. It goes without saying that the smallest mishap can be the difference between a pitch being strike three or going 450 feet over the wall. And with thousands of jeering fans, it's no wonder that a hurler can break down so quickly. Therefore, the next time you aren't able to hit the broad side of a barn, how about stating, "The fans behind home plate were super distracting."

Did You Know?

One of the greatest football players of all time, Tom Brady, almost chose a career in baseball over football. Brady, who was drafted by the Montreal Expos in the 18th round of the 1995 MLB draft, was reportedly seriously considering signing with the Canadian ballclub before ultimately deciding to play quarterback for the University of Michigan.

"I got a cramp in my hand from signing too may autographs."

Baseball takes a lot of skill, training, and perseverance. And in order to reach the highest levels, you generally need to be in tip-top shape. For many players, if their body breaks down even in the slightest way, the athlete is not able to perform at an optimal level. Therefore, the next time you are on the mound and things are not going according to plan, you might want to rub your hand for a minute, call the trainer over, and let 'em know, "I can't pitch anymore. I've got a bad cramp in my hand from signing too many autographs before the game."

"The broadcaster jinxed me."

Baseball players, by nature, are a superstitious bunch. Whether it's always putting on a specific shoe first, adjusting your batting gloves between each pitch, or making sure you don't step on the foul line when you come on and off the field, baseball players will do anything for an edge. And for years, it was considered an absolute no-no for an announcer to bring up the fact that a pitcher was in the middle of throwing a no-hitter or perfect game. Yet with the passage of time, things have changed and now most professionals in the booth feel as if it's their duty to keep their viewers informed. Therefore, if you are skilled enough to be tossing a gem of a game, and the next thing you know you've given up a walk, a base hit, and a subsequent three-run dinger, tell anyone who will listen that, "That broadcaster completely put the hex on me."

Did You Know?

Bobby Richardson only hit above .300 two times in his career. However, during the 1960 World Series, he pulled off one of the greatest single innings of batting in the history of the game. In one inning, Richardson hit a two-run single and followed it up with a grand slam. For the series, Richardson had 12 RBIs and won the World Series MVP … incredibly, for the losing team. The Yankees lost to the Pirates in a heartbreaking four games to three.

"I have a bad elbow."

To be an excellent hurler, you need God-given talent combined with a ton of hard work. But even the best pitchers need some good luck to reach the top of the game. And as every thrower knows all too well, if you have a problem with your hand, your shoulder is stiff, or even worse, you've got elbow pain, it can literally sink a promising career.

So the next time you give up four runs in the first inning, or have an ERA that is higher than the mercury in a thermometer on the equator, feel free to tell anyone who will listen, "My elbow has been flaring up again."

"The fielding was terrible."

It's been a long game, but it's finally the top of the ninth, and you've thrown well over a hundred pitches. You still have your stuff, but you're a bit tired and dependent on solid backup from your teammates. The first batter smacks a crisp one-hopper to the third baseman, who handles the ball easily, but takes his time because he thinks the batter is slow. First, he showboats a little by pounding the ball in his mitt a couple of times while casually turning toward first, then he realizes the runner is faster than he expected. So now he rushes his throw and puts one in the dirt that the first baseman can't handle. It doesn't count as a hit, but it should have been a routine, easy out. The next batter pulls off a surprise bunt. The catcher's right on it but whips the ball well over the first baseman's head. Meanwhile, there have been several other errors and misplayed balls as well and your blood is beginning to boil. When you throw your glove to the ground in disgust, the manager walks to the mound to ask if you're okay. "Who, me? I'm fine, Coach, but what about that terrible fielding? Maybe you should be talking to them."

Fielding

We all know that hitting and pitching are an important part of the game. But many would argue that fielding is just as important to a team's success or failure. An infielder with incredible range, a catcher that's like a wall, or an out-fielder with a cannon for an arm can completely change the course of a game. But what happens if fielding is not your forte? What happens if you get a case of the yips and are just praying that the ball isn't hit in your direction? Thankfully, there are many tried and true excuses to help the next time you make an embarrassing blunder in the field.

"The sun was in my eyes."

Sure, some baseball stadiums have a closed roof, but one of the glorious things about this great game of ours is playing on a beautiful summer day on a sun-soaked field. However, playing under the elements can have its pitfalls as well—the wind, the rain, and of course, the blinding sun. What happens when you coast under a routine pop fly only to look up and see spots. Not to worry. If you coast under a fly ball only for the unthinkable to occur, and the little white orb bounces off of the heel of your glove and onto the field below, tell your fellow fielders, "That bright sun blinded me."

"I heard someone else call 'mine.'"

One of my favorite things about the national pastime is that it's a team sport. Winning and losing with your compatriots can add to the glory of the victory, and subdue the pain of defeat. On the flip side, however, the outcome is not fully under your control. You're highly reliant on your teammates to pull their weight. And there can be no worse feeling than making a huge mistake and letting down your fellow warriors. So what happens when there's a ball to be fielded that ends up going past you, or dropping right nearby? Of course you can admit to your error, but who would want to do that? Therefore, if need be, just say, "I definitely heard one of my teammates call 'Mine.'"

"There was a bad hop."

There's nothing like making it to the show. Beautiful stadiums, flying first class, expensive locker rooms, and perfectly manicured fields. But what about the countless players who never make it to the big leagues? All of those Little Leaguers, high school, college, and even minor league players who don't get the best of the best. Not to despair. You can use this to your advantage. The next time you're in the infield and a ground ball eats you up or you're in the outfield and the ball gets away from you, feel free to say, "That error wasn't my fault. Did you see the crazy hop that ball took?!"

"The cutoff man wasn't in position."

In baseball, the team needs to work together as one well-oiled machine. If one of the cogs fails, the whole operation can fall apart. The type of teamwork necessary for success can be seen all over the field. From batterymates, to infielders turning a sweet double play, to a hit and run, players working together for the greater goal is woven within the fabric of the game. So what happens if you're playing the outfield and have to field a ball that was hit into the gap? Obviously, you need to get the ball into the infield as quickly as possible. But if the unthinkable occurs, and you airmail your throw, feel free to say, "It truly wasn't my fault. The cutoff man was way out of position."

"I'm not used to the dimensions in this park."

One of the unique things about baseball is that each park has its own dimensions. Unlike the other major sports of football, basketball, hockey, and soccer, where the playing fields all have the same parameters, in baseball each park has its own specific features. For example, there's the Green Monster at Fenway, the short right-field porch in Yankee Stadium, and the narrow foul area at Wrigley Field. Thus, it only makes sense that when you are playing on the road, you may, at times, be out of your element. So the next time you misplay the ball, feel free to say, "I'm simply not used to the dimensions of this particular park."

Did You Know?

During World War II, the United States military
decided to design a grenade to be the approximate
size and weight of a baseball, reasoning that
"any young American man should be
able to properly throw it."

"The field is two inches lower than I'm used to."

Similarly to the previous excuse, and keeping in mind that
every park has different dimensions, sometimes it helps to be
a little creative. So the next time a grounder eats you up, you
misplay a fly ball, or you simply trip over your two left feet, if
you liked the last excuse, and are feeling a little bit on the silly
side, how about trying, "How could I be expected to field that
ball when this field is two inches lower that what I'm used to?"

"The first baseman should have caught my throw."

Sometimes the most routine things in life end up being the
most difficult. Pulling your car into the garage only to hit
the back wall. Doing the laundry and accidentally washing
a lone red sock in with your whites. And of course, in baseball, a routine throw to first that ends up in the second row.
Therefore, the next time you're trying to toss it across the

diamond to first, and your attempt ends up offline, you can always explain it with, "Sure the throw wasn't perfect, but the first baseman should have bailed me out on that one."

"It was too windy."

This next gem is a go-to in many of the world's favorite sports. In golf, tennis, and even soccer, a windblown ball can be the difference between the fine line of victory and defeat. Therefore, the next time you're camped under a routine pop fly, and a gust from the weather gods turns your surefire out into an embarrassing blunder, just say, "What could I do? That huge gust of wind came out of nowhere."

"I lost a contact lens."

Some of the best players of all time have had incredible vision. It's been said that many Hall of Famers could see the spin on the ball as it came toward them. It therefore goes without saying that good eyesight is imperative to play the game at the highest level. Luckily, with enhanced eyewear, if your genetics are lacking you can still be a successful ballplayer. Many players will opt for contacts, as glasses can get dirty, or literally slip off of your nose. And I say, use this to your advantage. The next time you're unable to play the ball, and the ball plays you, just explain it with, "My contact lens popped out right while I was trying to make that play."

"My hat didn't fit."

As previously mentioned, to play at the highest level in sports, everything has to be just right—from your pre-game warm-up to your postgame shower and everything in between. It therefore goes without saying that if a player is having a problem with their equipment, it can lead to an unfortunate mishap. For as long as baseball has been played, its combatants have been wearing caps. Clearly, a baseball hat can help keep the sun out of one's eyes, but furthermore, by donning that head covering, it just makes you feel like you're ready to play. Yet you can also use this to your advantage. The next time you misplay an easy ball and cost your team the game, just say, "The equipment manager really needs to be fired. My hat didn't fit me at all."

"My sunglasses kept slipping off my nose."

So let's just say you're in the field, and it's one of the gorgeous summer days. The grass is green, the sky is blue, and the sun is directly overhead. What a great day?!?! Or it was until you dropped your second fly ball of the day. Now that this spectacular day has turned into a bit of a nightmare, there's only one thing to do. You need the perfect excuse. How about, "Hey coach, I would have never have missed those early popups, but my sunglasses keep slipping off my nose."

"I made an early error and it got in my head."

It's been said that momentum breeds momentum. In life, as well as sports, sometimes the hardest part is getting off on the right foot. However, once you are able to move that huge boulder, that's the most difficult task. Once the ball is rolling in the correct direction, it's a lot easier to maintain the speed. Conversely, if things don't start off well, it can be more than just a little bit difficult to turn the ship around. Therefore, the next time you make an error in the first inning, only to follow it up with two more later in the game, feel free to say, "That early error completely rattled me."

Did You Know?

Johnny Bench, the legendary Cincinnati Reds catcher, could hold seven baseballs in one hand.

"The rowdy fans were throwing their beer at me."

This next excuse is perfect if you're playing in front of a raucous crowd. Let's just say that you're on the road, playing in the outfield, and you're near the cheap seats. Although you've heard it all before, you can't help but be affected by the jeers of the opposing fans. Then you go back for a fly ball on the warning track, only to have a cold one fall right on your head—the result being an error for you and a runner on third for the opposition. When you get back to the dugout, and your manager is glaring a hole into your skull, just tell 'em, "It wasn't my fault! Those crazy fans in the bleachers were throwing their beers at me."

"I ran out of eye black."

I realize it's been said several times, but that just proves how important it is. To succeed at the highest level, you truly do need the right equipment. And while nothing beats a beautiful day at the park, without the right devices on hand, a pretty situation can get ugly rather quickly. Hence, when a popup turns your eyes upward, only to fixate on the heavenly bright yellow star in the sky, you might just start seeing spots. And without the right gear, you might just be out of luck. Therefore, if you find yourself blinded by the overwhelming glare of the sun, explain it with, "Dude … I completely ran out of eye black and I couldn't see a thing."

"I thought it was yours."

So you're camped out in the outfield. It's a perfect day for baseball—clear blue sky, sunny but not too bright, soft breeze to keep you cool, and you've gone 2-for-3 at the plate. Feeling pretty good about life right about now. But then the batter pops up a short fly that goes over the shortstop's head. You're fairly deep in center, but the ball is pretty high so you take off to get there before it drops in for an "excuse me" single. You're really moving, but you also see that the shortstop is furiously backing up and it looks like he might snag it. So you stop. And at the same he senses your presence and he also stops. Neither of you call "mine,"

and the ball falls to the earth while the two of you just stand there looking like a couple of doofuses. You stare at each other and both of you speak at exactly the same time: "I thought it was yours."

"The manager had me playing out of position."

Although some may say that baseball is a young person's game, very often the experience of an older, grizzled manager can have a huge effect on the outcome of the contest. If the skipper calls a hit and run or a suicide squeeze at the right time, they can look like a genius. However, a bad call from the dugout can have the manager looking for a new job quicker than you can say, "I blew that decision." But that doesn't mean that you can't use the leader as a good old-fashioned scapegoat. Therefore, the next time a slow roller finds its way through a hole in the infield, or a lazy fly ball drops right in front of you in the outfield, and the crowd starts booing, just say, "What could I do? The skipper had me playing out of position."

"There was a leaf on the field and it was distracting me."

There are many venues, including our great game of baseball, where an acute attention to detail can be helpful. However, for everyone who checks the alarm clock three times at night, or has to double-check to make sure the door is locked, you know it can be quite annoying. The reality of the situation is that many, many individuals can relate. So the next time your error seems to come out of nowhere, just tell your compatriots, "There was a leaf on the field and it was just so darn distracting."

Did You Know?

Hall of Fame pitcher, Greg Maddux, holds
a record-setting 18 Gold Gloves.

"I didn't think the ball was going to come my way."

As any good Boy Scout will tell you, it's important to always
be prepared. But alas, it can be hard to have your antenna
attuned to every possible situation at all times. And even
during the game, as has happened time and time again, we
see even the best players make mental mistakes. So the next
time a right-handed pull hitter ends up hitting a screamer
down the right field line and catches you completely off
guard, explain it with, "I can't believe they hit the ball to me."

"The field was unplayable."

Sure, making it to the majors has all sorts of perks—the
fame, the money, the private jets, the adoring fans … and of
course, the best baseball fields on the planet. With perfectly
cut grass and beautifully manicured diamonds, it's a player's
dream. Of course, the reality for most of us is we're playing
in underfunded parks that are desperate for a renovation. But
alas, we have to make the best of it. And the good news is
you can always use the less than perfect conditions to your

advantage. The next time you botch a routine ground ball, or misplay a carom off of the outfield wall, feel free to exclaim, "This field is completely unplayable!"

"The night game took so long I fell asleep in the outfield."

Sometimes nothing beats a good night's sleep. Getting seven to eight hours of quality shut-eye can, at times, be the difference between a quality performance and a dismal outing. Unfortunately, there are going to be nights where your mind is racing and you just can't seem to get a quality rest. And why is it that seemingly every time you end up tossing and turning, the next day you need to be at your best? However, why not use it to your advantage? So the next time the game is dragging on, or you're playing the second half of a day-night doubleheader, and you blunder a fly ball in the outfield, just say, "I was just so exhausted that I started to nod off."

"I didn't have my usual glove."

You're pretty much disciplined about your routines, like getting to the ballpark early to warm up on the locker room's exercise machines, checking to see that the attendant has given you the right uniform, etc. But sometimes even you aren't perfect, and as it happens you left your glove on the bench after yesterday's game and now it's nowhere to be found.

No problem, right?, because you'll just borrow a glove from another infielder who's not in today's lineup. So that's what you do, and you tell yourself it won't make any difference, but there's that nagging feeling that everything is not exactly how it's supposed to be. And sure enough, you field an easy grounder, but it gets stuck in the borrowed glove, and by the time you get it out, the runner has reached first. What can you do except hang your head and mumble, "Sorry, guys, I didn't have my usual glove."

Did You Know?

The infamous bank robber, John Dillinger, was
actually once a semiprofessional second baseman.
Dillinger, however, never made it the major
leagues, and one can only assume that's why
he turned to a career in crime.

Running

I believe it's been clearly established that hitting, pitching, and
fielding are essential to a team's accomplishments. However,
an often underappreciated part of this great game is running.
Speed, strategy, and technique are all important. Yet anyone
who knows anything about the game can tell you that a blunder on the basepaths can literally *run* you right out of a potential big inning. But don't despair. The next time you run right
through the third-base coach's stop sign, only to get thrown
out by 10 feet, feel free to use one of these great excuses below.

"My cleats were worn out."

Here we go again. I'm going to harp on the importance of
the equipment, but only because, as I've said, it's so darn
important. And what could be more essential to running
than your shoes? Having good spikes that can dig into the

dirt around the basepaths can literally help you move at your best. Conversely, if your cleats are inadequate, you might just feel like a jar of molasses. So the next time you feel yourself dragging around the bases, explain it with, "These cleats are completely useless."

"The guy on base in front of me was too slow."

A rule in baseball that not everyone knows is that a player is not allowed to pass their teammate on the basepaths. Yet, even though this restriction has been in place for years, it seems like almost every year or two you see it violated in the big leagues. Luckily, however, most runners adhere to this decree and avoid an embarrassing mistake. Yet following this rule can get you into trouble as well. Don't believe me? Well, let me paint you a picture. You're on first and are known for your wheels. Your teammate on second, however, moves as fast as a watched pot boils. The hitter puts one in the gap, and by the time you round third you're running up the behind the player in front of you. Naturally you slow down, only to get thrown out at the plate while trying to score the game-tying run in the bottom of the ninth. When the crowd starts booing, and your teammates are digging daggers into you with their eyes, make sure you let everyone who will listen know, "That guy in front of me was just so darn slow!"

"I pulled a hamstring."

There's an expression that goes, "Youth is wasted on the young." Thankfully, that doesn't apply to our great game. The young men and women who play the game often wow the fans with their youthful exuberance and athletic prowess. However, it's also been said that "Father Time is undefeated." And as you get older, unfortunately, your body begins to break down. So if you're getting up in years and aren't as fast as you used to be, definitely don't admit to getting thrown out because you are over the hill. If you see you're about to be out by a country mile, pull up, grab the back of your leg, and say, "Wow, I just tweaked my hamstring. Otherwise I would have beaten that throw."

"I got a bad jump trying to steal."

Stealing a base can literally be one of the most exciting moments of a game. The cat and mouse between the pitcher and runner, the sheer speed, the rocket arm of the catcher, the cloud of dust, it's all riveting. Yet the last thing a speedster wants to admit is that they were thrown out because they were just too darn slow. But not to worry. If you're trying to swipe a base, and the ball gets to the base about two seconds before you do, don't admit to being a step slow, instead how about offering, "I got such a bad jump trying to steal that base."

Did You Know?

On June 23, 1963, Jimmy Piersall, a New York Mets outfielder, celebrated his 100th home run by running the bases in the correct order; however, he trotted the bases backwards.

"I shouldn't have eaten right before the game."

Athletes, in general, can be a superstitious bunch. And baseball players are no different. From wearing one's lucky socks, to applying the same movements at the plate, to following certain rituals before the game, different actions can help players get their mojo in groove. A pregame meal is no different. For example, one of the best hitters of all time, Wade Boggs, reportedly ate chicken before every game for years. Yet there's a reason why many young children are told not to go swimming right after eating. Furthermore, trying to run the bases with a full stomach probably isn't the best idea either. So the next time your late lunch is weighing you down while rounding third, try explaining it with, "I really shouldn't have eaten right before this game."

"My pants were too tight."

As anyone who watched the 2004 Super Bowl halftime show with Janet Jackson and Justin Timberlake can attest, a wardrobe malfunction can turn into a bit of a mess. Well, why should baseball be any different? So far, throughout this book, I've mentioned how problems with your bat, shoes, and hat can all lead to disaster. Now it's time to blame the uniform. If you find yourself moving a bit too slowly, definitely don't blame yourself. How about attempting to explain your pathetic pace with, "With pants this tight I can barely move."

"I have athlete's foot."

Anyone who has ever played sports on any level can attest to the fact that injuries are part of the game. And of course, baseball is no different. A bad back can sideline a hitter. A sore arm can unhinge a pitcher, and of course there are a multitude of problems that can hinder you on the base-paths. But alas, feel free to use this to your advantage. The next time you can't beat out an infield dribbler, try saying, "My athlete's foot is so painful I can barely walk, let alone run the bases."

"My socks kept falling down."

One of the best things about making it to the majors is you get the best of everything. The nicest stadiums, the best coaches, and of course, the best equipment … and that goes for the uniforms as well. But what happens if you're not a multimillion-dollar all-star? What happens if you're just a run-of-the-mill minor league player? Or perhaps you're playing for an underfunded college, high school, or Little League team. If so, undoubtedly you'll get some second-hand gear. So when it appears that you're one of the slowest members of the team, just say, "I'm normally much faster, but my socks kept falling down."

"I thought the ball was foul, so I didn't run my hardest."

One of the greatest and most controversial players of all time is surely Pete Rose. While it seems like half of baseball fans want to see him in the Hall of Fame, the other half want his lifetime ban upheld. Yet one thing can't be denied. When Charlie Hustle played the game, he clearly gave it everything he had. A clear example was when Rose would run at full speed to first following a base on balls. In today's game, however, many of the stars choose not to run their hardest when it appears their efforts will be in vein. Therefore, the next time you pop one up near the foul line, only to have it drop in fair territory and get thrown out at first while you're halfway to the dugout, just say, "I can't believe that ball stayed fair."

"I felt sluggish and couldn't get going."

It happens to all of us. There are some days when you are able to pop out of bed at dawn, and other days when you feel like throwing the alarm clock out of the window. Moments when you've got a pep in your step, and others when you're dragging from morning to night. Everyone goes through it, so feel free to use these energy swings to your benefit. The next time you're chugging around second and feel like your feet are in quicksand, why not tell your teammates, "I'm normally much faster. I just feel so sluggish today."

Did You Know?

Believe it or not, Herman 'Germany' Schaefer actually stole first base on August 4, 1911. After initially stealing second, he then ran back to first, only to get caught in a rundown while trying to steal second yet again. Schaefer later explained that his intention was to assist his teammate on third steal home.

"I didn't stretch properly before the game."

Very often in sports, the game is won or lost before it begins. Training and preparation play a big role in any contest. And normally the players and team that put the most pregame work in come out on top. With this important information in mind, if things don't go according to plan, feel free to use it to your advantage. The next time you're moving like you are in quicksand, explain it with, "I didn't get a good stretch in before the game and it came back to bite me."

"The home team overwatered the base paths, so it slowed me down running to first."

There are many stories of players and teams trying to get an edge in baseball, even if they have to tweak the rules to get there. From failing to provide adequate equipment to poor clubhouse conditions, a home team will often bend the laws of fair play to gain an advantage. Thus, if the home club is full of big, slow sluggers, and your team is made up of wiry speedsters, the home players may just try to take advantage of the situation by slowing things down a bit. Therefore, if the game ends, and the big guys have clobbered you, you can always try to explain your pitiful loss with, "Their grounds crew overwatered the base paths so much that we could barely move."

"I jogged five miles before the game and I was too tired."
There's a common expression that holds true for both life and sports, and it goes as follows: "If you want to see the results, you need to put in the work." Yet there's another saying that can, at times, be just as important. And that is, "Work smarter, not harder." Therefore, the next time you're playing under the hot sun, or the second game of a doubleheader, and you feel like you're really dragging, just tell your manager, "I jogged five miles before today's contest and I was literally exhausted."

"I broke a shoelace."
As Tonya Harding clearly demonstrated in the 1994 Winter Olympics, something as minor as a broken shoelace can lead to a major meltdown … both physically and emotionally. The same can be said for the national pastime. If you have

an equipment failure while rounding third, there's a good chance things won't work out by the time you make it home. So the next time the catcher is waiting for you with a snide grin on their face and the ball in their glove, feel free to say, "My shoelace broke and it clearly slowed me down."

"My manager was giving me too many signs."

One of the things I like most about baseball is that it's a team sport. Winning and losing with your fellow warriors can definitely enhance the thrill of victory and take the edge off a painful defeat. But that also means that it's not all up to you. There are a lot of moving parts and if someone doesn't do their part, it can sink the ship for everyone. So the next time you're on first with a nice lead, only to get picked off by a quick throw from the pitcher, definitely don't take the blame yourself. Just say, "The skipper was giving me so many signs that I was completely distracted."

"I was too aggressive on the basepath."

It is rare to reach the pinnacle in any aspect of life without passion. Whether you're a titan of industry, or an actor on Broadway, it seems nearly impossible to achieve greatness without wearing your heart on your sleeve. And as the saying goes, "Better to have loved and lost, than to have never loved at all." Therefore, the next time you blow through the base coach's stop sign, or decide to steal a base on your own, only to get tagged out at the last second, surely your team will understand if you tell them, "I wanted to win so badly my aggression got the better of me."

Did You Know?

In the mid-1800s, a runner could be called
out by having the ball thrown directly
at them between the bases.

"I stubbed my toe."

In sports, bumps and bruises are part of the game. Everyone who has played a sport, even as a child, knows that injuries come with the territory. And when you're going at 110 percent, you are bound to get dinged up now and again. Therefore, the next time you try to stretch a single into a double, only to get thrown out by two steps, tell your teammates, "I could have beaten out that throw if I hadn't stubbed my toe rounding first base."

"I twisted my ankle rounding third."

So you consider yourself a speedster and you can run like the wind. You're on first when your teammate hits one into the gap. You've rounded second and are heading to third when the base coach gives you the stop sign. Yet because you know you're the fastest person on the field, you blow right by the coach and head for home only to get thrown out by 10 feet. As you're heading back to the dugout while the third-base coach glares at you, just tell 'em, "Sorry I didn't listen when you told me to hold up. But honestly I would have made it by a mile if I hadn't twisted my ankle going around third."

"The catcher was so bad that I was overconfident."

For some amazing basestealers, they seem to be able to run at will (cue up Ricky Henderson). But the likes of players like Henderson and Lou Brock are few and far between. Most players, even the really fast ones, need to run during the right situation. For example, if the pitcher has a slow delivery to the mound, or they have a good lead. However, if the perfect scenario doesn't help, and you still get thrown out by three feet, just explain it with, "The catcher's arm was so poor that I was overconfident."

"The umpire is blind."

This last excuse is as old as the game itself. For as long as this great game has been played, players, fans, broadcasters, and probably even their own mothers have been complaining about the umpiring. And because it's inherently difficult to make spur of the moment judgments on split-second decisions, umpires sometimes get it wrong, giving us all the opportunity to criticize. Of course, those who yell the loudest always appear to be those that are in the upper deck, hundreds of feet from the action with a few beers in them as well. But don't let any of that stop you. The next time you get called out on a bang-bang play, scream to your heart's content, "The umpire is blind!"

Did You Know?

On May 8 and 9, 1984, the Milwaukee Brewers and Chicago White Sox played the longest game in MLB history that ended in a victory. The marathon event lasted 25 innings (eight hours and six minutes) and mercifully ended when Harold Baines hit a walk-off home run to give the exhausted White Sox a 7–6 victory. (The actual longest game on record occurred in 1920 between the Boston Braves and Brooklyn Robins, which lasted for 26 innings (eight hours and twenty-two minutes) and ended in a 1-1 tie.

"I got dirt in my shoes."

This is a perfect excuse when running the bases because it's bound to happen. With digging in the batter's box, sliding into second, or kicking up dirt rounding the bases, that infield dirt seems to fly all over the place. So the next time you're a little slower than usual, or get thrown out sliding into home while trying to score the game-tying run, at the press conference just tell the bewildered reporters, "I got a clump of dirt in my shoes and it really slowed me down."

"My legs are sore."

It eventually happens to every weekend warrior, and even to elite athletes—you give 110 percent, or perhaps it's the day after a day-night doubleheader, and your muscles are aching. You can barely move for the next day's game, and get thrown out twice on the basepaths. Not to worry. When the crowd starts to boo and your teammates are staring at you with daggers in their eyes, explain it with, "My legs were just so sore that I could hardly move."

General Excuses

We've now established that there are many facets of the game that are essential to the outcome. Hitting, pitching, fielding, and running all need to take place at an optimum level if your team is to reach the highest levels. But sometimes you just need to use an all-purpose excuse to explain your woes. If you're looking for an excuse that is wide-ranging in nature and can apply to almost any contest, try one of these subsequent gems:

"I was too tired."

Sometimes you just don't sleep well. Or perhaps you woke up on the wrong side of the bed. Or maybe daylight savings has thrown you off. Regardless of the reason, nearly everyone can identify with needing an extra cup of coffee from time to time. So the next time you are a little slow on the field, whiff at a grooved fastball, or just don't feel your mojo, feel free to explain it with, "I'm just exhausted today."

"I missed spring training."

It's an oldie but a goodie—practice makes perfect. And in baseball, a great way to get the kinks out is through a couple of months of spring training. But let's just say that you've got other commitments. Or perhaps you're one of the lucky few who is in a multimillion-dollar contract negotiation and you're holding out until the owner ups their salary offer. So if you've been staying away from the field for a few weeks, and then make a bunch of faux paus on opening day, just say, "It's not my fault. I missed all of spring training."

"There was a hottie in the stands and I couldn't concentrate."

In order to play baseball at the highest level, you need immense concentration. The best performances seem to always occur when a player reports being "in the zone"—when they are able to drown out all distractions and focus solely on the task at hand. But what happens when you just can't seem to keep your eye on the prize? The next time you make blunder after blunder, just ask your teammates and coach, "How in the world was I supposed to concentrate with that hottie in the stands?"

"I had an off day."

It can happen to anyone, at any time, in any walk of life. So why should baseball be any different? Sometimes, you can do everything right. You can practice, you can prepare, and yet things don't go your way. So the next time you get to the park early, go through your pregame workout, mentally prepare, and then make three errors, just tell your manager, "What can I say? I just had an off day. It could have happened to anyone."

Did You Know?

Robert John Valentine, better known as "Bobby V," had a long career as a player and manager. However, one of Valentine's more memorable moments came in 1999. As a manager of the New York Mets, he was ejected from the game, only to put on street clothes and a fake mustache and sunglasses and return to the dugout. Valentine was later assessed a two-game suspension and $5,000 fine by the commissioner's office for the offense.

"My back hurt from carrying the whole team for the first half of the season."

Every team has its journeymen players and its superstars. And every ballplayer has a specific role to play. Yet in this scenario, let's just say that you are lucky enough to be one of the best players. You are great at the plate, incredible in the field, can run like the wind, and can lead your teammates like a field general. But alas, even Babe Ruth had his off days. So what happens when the whole team and fan base are looking up to you, and yet you fail miserably? Just grab the area below your neck and above your buttocks, and tell the press, "My back is killing me from carrying the team this season."

Did You Know?

On July 17, 1990, the Minnesota Twins turned two triple plays yet still lost the game. The very next day, in a game against the Boston Red Sox, the two teams set another record for the most combined double plays. Unfortunately for the Twins, they lost that game as well.

"Sweat got into my eyes."

Playing baseball in the summer months with the blue skies and sun overhead can be a euphoric experience. Yet those days in June, July, and August can, at times, be unbearable as well when the mercury is rising as fast as a cheetah chasing its dinner. They're not called the "dog days of summer" for nothing. And with all of that heat comes the pouring sweat that every player knows all too well. Therefore, the next time your forehead is dripping, your eyes are burning, and you're making one mistake after another, just say, "I had so much sweat in my eyes that I could barely see."

Did You Know?

George Francis "Doc" Medich pitched in the major leagues from 1972 to 1982. Medich was also a medical student at the University of Pittsburgh and incredibly, during a Rangers-Orioles game in 1978, he saved the life of a fan that was having a heart attack in the stands.

"It was too cold/hot."

We all have our ideal temperature. Some of us simply love the heat. Others can't wait for the first crisp day of fall, while still others love a good blizzard. As they say, "Different strokes for different folks." The same goes for those on the diamond. Some play their best when the heat and humidity are pumping, whereas others are at their pinnacle during the cool fall days of the postseason. Conversely, some of us simply can't function when we're not in our ideal element. So if the weather isn't cooperating, and you're playing like it's your first day of Little League, feel free to explain it with, "I simply can't play well in these weather conditions."

"I couldn't focus."

Focus is essential to performing at your best. Being able to put all distractions aside, and putting all of one's effort into the task at hand is, in my opinion, one of the biggest keys to being successful in any endeavor. And if you've ever been lucky enough to be in the zone while playing the great game of baseball, there is truly no better feeling. It's as if nothing can go wrong. While hitting, it's as if the ball is as big as a basketball. When you're pitching, it's as if you can place the ball wherever you want at will. In the field, the ball just seems to always find your glove. Yet what happens when that nemesis, distraction, creeps into your subconscious? What happens when no matter how hard you try, your mind just won't cooperate? Unfortunately, at times, a distracted brain is just part of the overload of sensory information world we live in. Therefore, the next time things simply don't go your way, say, "I just couldn't seem to focus on the game today."

"I need more practice."

The greatest baseball players make it all look so easy. The hitting, pitching, fielding, running—it just all looks so effortless. Yet as any player at the top of their game will tell you, it takes a lot of blood, sweat, and tears to get to the top of one's craft. And it also takes a lot of help. Every great ballplayer has surely had the support of their family, friends, and of course amazing coaches. No matter how talented you are, if you don't put in the work, you surely won't reach your potential. So the next time you put in a pathetic performance, just explain it with, "I truly just need more practice."

Did You Know?

The pitcher, Bill Donovan, was aptly nicknamed "Wild Bill" after he walked … get this … nine consecutive batters in the minor leagues.

"I've never played this poorly."

No matter how talented you are. No matter how much the fans adore you. No matter if you're making millions playing this great game of baseball. You can always have a bad day. The best players of all time have had their off days when nothing seemed to go right. The days where you can't buy a hit. The outings where you can't find the strike zone. The days when you simply can't seem to field the ball. But not to worry. For surely everyone will understand your ineptitude if you simply explain it with, "I've just never, ever, played this poorly."

"Poor lighting."

In my humble opinion, our national pastime was meant to be played under the bright blue skies on sunny afternoons … I guess I'm old-fashioned. Yet even holdouts, like Wrigley Field, eventually gave in to nighttime ball. And sure, the big leagues have the best lighting money can buy. But what happens if you're just struggling in the minors, or in college, high school, or even Little League in an underfunded park. Well the good news is you can use that to your advantage. The next time you go 0-for-5 at the plate, or drop two fly balls in the outfield, I would say that a perfectly valid excuse is, "The lighting out here is terrible. I can barely see the ball."

"The crowd was making so much noise I couldn't hear myself think."

It takes a ton of effort, talent, and good luck to play baseball at the highest level. But it also takes a lot of concentration. And baseball isn't like tennis or golf, where the crowd is expected to remain quiet. As every baseball fan is well aware, a baseball player is expected to perform at their best with the crowd hooting and hollering. Although a packed stadium is obviously a loud venue, there are those specific times, during a rivalry game, the playoffs, or an extra-inning classic, where the crowd brings the noise level to an extra decibel. So if you find yourself at your worst with an over-the-top crowd,

feel free to say, "I've never heard a crowd that loud. I could hardly hear myself think."

Did You Know?

The first game that was actually ever played at night "under the lights" was a local game in Nantasket Bay, Massachusetts, in 1880.

"Our manager is terrible."

As previously mentioned, in order to succeed at this fantastic game, at lot has to go right. Sure you need to be able to hit, pitch, field, and run at the highest levels. Yet even with the most talent, a ballclub can fall apart without good coaching. So the next time your team of future Hall of Famers flames out, feel free to tell anyone who will listen, "Sure we've got talent, but with a manager as bad as ours, what did you expect?"

"My significant other was at the game and was making me nervous."

Sure, there's a lot of pressure in baseball. The stress of trying to perform well under the most trying of conditions has brought many seemingly hardened players to tears. Many players that wilt in the most stressful of moments will try nearly anything to alleviate some of the tension—from sports psychology to satanic rituals, and more. So it goes without saying that the last thing a player wants is even more strain piled on. Therefore, if it's a big moment in the game, and you fail to come through, you can always tell your teammates, "My significant other was sitting in the front row and I was just so gosh darn nervous."

"Another player on the team already had my lucky number."

As we have clearly established, athletes in general, and especially baseball players, can be quite superstitious. From pregame meals, warming up a specific way, to wearing the same clothing, competitors will do anything for an edge. And this ritual is never more apparent than when it comes to wearing a certain number. Some players have actually paid their teammates tens of thousands of dollars to purchase their favorite numerals. But what happens if you're not loaded with dough and your lucky digits are already taken? Well, if you have a terrible outing on the field you can actually use this to your advantage by saying, "How can I play well when I can't have my lucky number?!"

Did You Know?

Ted Williams dutifully served his country in the Korean War where he flew 39 combat missions. Thankfully, Williams was not injured during his time in battle. Somewhat ironically, however, the last man to bat .400 fractured his collarbone in his first spring training game back from the conflict in 1954.

"I went out last night drinking and now I'm hungover."

You've probably heard the expression, "All work and no play makes Jack a dull boy." Or perhaps you like, "Work hard but play harder." Well, just because we put them on a pedestal, our revered baseball players are no different. Don't believe me? Just check your baseball history books. For as long as the game has been played, there are countless stories of players having a bit too much fun during their extracurricular activities, and then laying an egg on the field. The good news is that nearly everyone who has ever swung a bat can relate. So the next time you're out with your buddies, and then stink it up the next day on the field, just tell your teammates, "I had a bit too much fun last night. I guess I really shouldn't have had that last beer or two."

"I need new teammates."

As everyone who has ever played this great game knows, baseball is a team sport. Sure it is filled with superstars, but without the assistance of the whole crew, one player can only do so much. So the next time you go 4-for-5 at the plate, or only give up two runs on the mound, just to see your team go down in defeat, answer the array of naysayers with, "I'm only one person! The rest of my teammates clearly need to pick up the slack!"

Did You Know?

The first team to wear baseball uniforms were the
1849 Knickerbockers. Incredibly, an essential
part of the uniform were straw hats.

"I have the worst headache."

It can happen to anyone—no matter how young, how strong, how athletic, how physically fit, there are just going to be those days when you are not feeling 100 percent. Yet why not use this malady to your advantage? If you're struggling to perform at your best, hold your head in your hands and moan so everyone can hear. Then, when your manager pulls you out of the game, just say, "Sorry, skipper, I could have played much better if it weren't for this terrible headache."

"I recently had surgery."

There are times when life just throws you a curveball. Anyone who has ever received some scary news from their doctor knows exactly what I mean. The hope, of course, is to come out okay on the other side. However, it can take some time to get on your feet. Thanks to HIPPA laws, no one really has to know your private medical business and therefore will likely take you at your word. Consequently, the next time you're all thumbs on the field, just say, "I didn't want to worry anyone, but I recently had surgery. Clearly I'm not back to my normal high standards."

"I had a fight with my partner and I can't concentrate."

To play baseball at the highest level, everything needs to be clicking—talent, practice, preparation, and of course perfect focus. So what happens when your personal life is distracting you? It can happen to anyone. But don't let these disruptions hold you back. The next time you're playing the game as if it's your first time on the field, just tell your angry teammates,

"I just had a huge fight with my significant other and I can't focus at all."

"I didn't get a good night's sleep."

Let's just say you were tossing and turning all night. Or perhaps you just woke up on the proverbial wrong side of the bed. Then, you go out on the field and lay a huge goose egg. Well no need to worry because for one, this excuse is perfect because it can happen to anyone, so everyone can relate. And secondly, even if you slept like a baby, how would anyone know? So the next time your efforts at the game aren't well received, simply state, "I just had the worst night's sleep."

"I'm too old."

As the adage goes, "Father Time is undefeated." No matter how talented. No matter how physically fit. No matter the passion for the game. Eventually, like death and taxes, it's inevitable. Old age will catch up with you. Therefore, the next time you've taken a few too many trips around the sun, and you just can't perform like you used to, no worries. Just explain it with, "If I were younger, I would still be dominating. Unfortunately, however, there is no turning back the clock."

"I made too many mental errors."

One thing I love about our national pastime is it's not just a physical game of hitting, pitching, fielding, and running, but there's also the mental game that goes on between the ears. From understanding where to field, when to take a pitch, and watching the base coaches, the list goes on and on. Many important games have been lost due to the mere fact that a player simply wasn't focused. Therefore, the next time your team goes down in a heartbreaking defeat, feel free to explain it with, "Our team just wasn't focused."

Did You Know?

Jackie Robinson is widely remembered for being the first major league baseball player to break the color barrier on April 15, 1947. What most fans don't remember, however, is that Robinson was also the first African American VP of a major American business when he served as the vice president of Chock Full o' Nuts Coffee from 1957 to 1964.

"Our team didn't want it badly enough."

This one is an excuse that works for nearly any sport. Sure, your players are excited. It's a huge game and your ballclub attacks the field like a bunch of caged animals. Your team is locked in. Your teammates are flying around the field, running at full speed on routine popups, diving for every ball. But alas, at the end of the night, the unthinkable happens and you lose a nail-biter. And if every coach can use this ridiculous justification, surely you can as well. Because surely you couldn't have simply been outplayed. It's impossible that on a given night the other team was simply the better team. Of course not. The only feasible reason you lost, at least according to this book, is, "Our team just didn't want it badly enough."

Did You Know?

When Marge Schott, the Cincinnati Reds' owner, was kicked out of baseball for making racist comments, Pete Rose gave her a half-hearted defense by stating, "It's not that she doesn't like one group of people. She just doesn't like anybody."

"I had itching hemorrhoids."

All right, this is kind of awkward and embarrassing to talk about, but if you're ever had hemorrhoids you'll know what I mean, especially if they're the itchy kind. Imagine that you're up at bat and you're squirming because your rear end feels like it's on fire. In between pitches you try to be as subtle as possible by sort of pulling at your pants to get a little relief, but what you really need is to get somewhere private so that you can use an anti-itch cream. Meanwhile, you can't find a comfortable batting stance, and while you're repositioning, the fastballs are flying past you. You take three called strikes, never even offering on a single pitch. You walk back to the dugout with your head down, not making eye contact with anyone, and on the way to the locker room you mumble something like, "Couldn't help it, these blinkin' hemorrhoids are itching like crazy."

"I let the opposing crowd get to me."

Have you ever played in Philly? Those fans are rough! If you're in right field there, be prepared for anything and everything. Calling you a bum, curses, taunting you any way they can to mess with your head. So one day, after several innings of this abuse, someone tosses a wadded-up piece of paper the size of a baseball at you. You pick it up and fling it back in the stands, and while you're not paying attention to the game, a soft line drive drops right in front of you. Instead of an easy out, the batter ends up on second. Then the fans really let you have it. Humiliated, you jog to the dugout when the inning's over, and your coach asks, "What the hell was that?" What can you say? Just hang your head and admit it. "Sorry, Coach, I guess the crowd got to me."

Did You Know?

Cecil Fielder and his son, Prince, both played professional baseball. And incredibly, both men completed their respective careers with exactly 319 home runs each.

"My allergies were killing me."

It's mid August, typical hay fever time, and as usual you are suffering. You've tried antihistamines and decongestants. No luck, you're still miserable. But you have a job to do so you soldier on and take the field despite a runny nose and itchy eyes. Maybe not such a good idea because when an easy pop fly comes your way, you lift your head and your nasal discharge is dripping all over your face. You try to wipe it on your sleeve before you catch the ball, but it bounces off your elbow, the astonished runner is safe at first, and you're standing there like a doofus while your teammates are staring at you in disbelief. Not to worry. Just tell them, "Sorry guys, I couldn't help it. My allergies are killing me."

"I got hungry."

So you had a twi-night doubleheader. First game started at 4 p.m., finished at 6:30. Could've had something to eat then, but you didn't want to play the second game on a full stomach. Surely you figured you'd be done by 9:30, and could hold out till then for dinner. But wouldn't you know, the game went into extra innings, and by 10:00 you were starving. Every baseball looked to you like a big scoop of ice cream, and you started to have thoughts of biting off a piece of your mitt. So when you came off the field you went straight into the locker room, where there was a snack machine. It took forever to find the right change, and by the time the machine started to work properly and give up a package of chips, the half inning was over on three quick grounders, and your team was back on the field. The manager had to call into the locker room to get you, and as you grabbed your glove and ran past him, you simply blurted out the only possible excuse. "Sorry, Coach. I got hungry."

"My lucky socks were dirty."

Athletes are notoriously superstitious. Baseball players are no different. From the same pregame meal, getting to the park at the same time every day, the identical pregame ritual, and of course wearing the same clothes. Whether it's the same uniform, shoes, or underwear (gross!), when you're playing

well many players wouldn't dare make any changes. So the next time your 15-game hitting streak comes to an end with an "oh-fer" at the plate, just rationalize it with, "My lucky socks were dirty and I simply can't play well without them."

Did You Know?

One of the greatest relievers of all time is undoubtedly the great Rollie Fingers. Yet Fingers is likely remembered as much, if not more, for his iconic handlebar mustache as for his prowess on the mound. Incredibly, Rollie only originally grew the stache because his owner, Charlie Finley, offered his players some cash to grow the hair on their upper lip as part of a publicity stunt. Fingers was given $300 and a $100 jar of mustache wax.

"If it wasn't for bad luck I'd have no luck at all."

You think I'm exaggerating? Okay, consider this: Let's say you're up at bat. You smacked a homer your last time up, so the pitcher decides to get even with you. He purposely throws at your head, and when you duck, the ball hits your bat and bounces into fair territory. Meanwhile you're on the ground so the catcher has all the time in the world to throw you out by casually picking up the ball and tossing it softly to first base. If that's not enough for you, how about when you're in the infield, about to pick up a soft grounder? The batter is their slowest runner so you have plenty of time to wait for the ball, but right in front of you it bounces off a pebble and jumps over your glove and into your nose, which immediately starts to bleed all over your hands and your uniform. Still not enough? You find out that a team executive was considering offering you a big bonus clause, but you only hear about it after you've already signed your contact. Now let me tell you that all of those examples aren't just theoretical. Every one of them happened to me. "I'm telling you, if it wasn't for bad luck, I'd have no luck at all."

"If we practiced as much as the opposition we'd be way better than them."

Look at that team. On the field for hours and hours, going over the same plays time after time until they get it perfect, sometimes staying out there even after it gets dark. Meanwhile, we practice too, just not that much 'cause it's not necessary. We're way better athletes than they are. Anyway, it's baseball, not rocket science. It's just a game, and we know how to have fun without busting our humps and sweating like those guys. Plus, what about camaraderie? There has to be a good level of morale, and we get that by hanging out together and sharing a few cold ones. That's the ticket. All for one, and one for all. We win together and lose together, but whatever happens, we're having fun and making a bundle of money while doing it. Okay, maybe their record is a bit better than ours, but if you hear anyone criticizing us, just tell them, "If we practiced as much as them, we'd be way better."

Did You Know?

Hall of Famer Dave Winfield was incredibly drafted by four different leagues. Along with Major League Baseball, the terrific athlete was also drafted by the NFL, ABA, and NBA.

"My masseur is on vacation."

If you're like me, on the day after a doubleheader or a week on the road, you sometimes wake up with a sore back or feeling stiff all over. You do some stretching, maybe take a hot shower, but it doesn't work. Then some kind of medication, and even that isn't helping.

But never mind, there's always Joe, the training room guy who can loosen you up with a good rubdown. By the time he's done with you, you're loose as a goose. So one day you get to the park early so Joe can fix you up before the game. But Joe's not to be found; he's on vacation. You try the whirlpool but no luck. You're stiff as a board and it shows during the game. Your swing's like a rusty gate, and you can barely get your throwing arm above your waist. You try an awkward sidearm that makes you look like a third-string Little Leaguer.

After whipping a ball way out of reach from the first baseman's glove, your teammates look at you like you have two heads. What can you say? "Sorry guys, I'm tight as a drum and Joe the massage guy is on vacation."

Did You Know?

Pittsburgh Pirates first baseman, Dick Stuart, infamously led the league in errors from 1958 to 1964. In case you're counting, that's a record seven straight years and earned Stuart the nicknames, "Dr. Strange Glove", "Stone Fingers", and "The man with the iron glove". The woeful first baseman's 29 errors in 1963 remains the record to this day for mishaps by a first baseman in one season.

"I have jet lag."

So let's say you're one of the lucky ones. You were blessed with all sorts of talent, a supportive family, you put in all of the work, and were fortunate enough to have a little bit of luck as well. Then incredibly, you made it to the big stage—the type of league where instead of taking buses, you're actually on a plane sitting in first class. So what could go wrong? Well, if you've been reading the book carefully, you've realized by now that something can always go awry. After traveling across the country post-night game, you wake up for a day game in a complete fog. You can't shake the feeling and end up going 0-for-5 with three strikeouts. When your teammates end up giving you a cross-eyed look, just reply with, "That jet lag put me in a huge funk."

Did You Know?

One of the greatest stolen base artists of all-time, Rickey Henderson, walked 796 times in his career while leading off an inning. Henderson also compiled 2,190 career walks, which is second all time to only Barry Bonds.

"I got injected with a bad bunch of steroids."

I know, I know, they're illegal to use in baseball, but let's say you're competing with other guys who have bulked up and are knocking balls out of the park like they're playing a video game. You've worked out with weights and you're in good shape, but nowhere near the musclebound monsters who are on a steroid regimen. Now your manager is telling you that if your performance doesn't improve, you'll be sent down to the minors. So what's your choice? If you're like me, you agree to go over to the dark side and take the injections. The medics treating you say they're using preparations that have minimal side effects, but changes start to happen, like feeling hostile and angry, diminished libido, and feeling distracted. So even though you now have the popping muscles, you're having trouble focusing and your batting stats are going down the toilet. What to do? Simple, just fess up to your manager. Even though the league publicly has to take a stand against steroids, your coach knows what's going on. Your excuse: "What can I tell you, Skipper? I must've got injected with a bad bunch of steroids."

Did You Know?

On July 17, 1914, the Pittsburgh Pirates and New York Giants played 21 innings before the Giants finally scored two runs in the top of the inning. With two outs in the bottom of the 21st, under dark, threatening skies, Red Murray made the final catch in the outfield to mercifully end the marathon game. Yet reportedly, right after the ball hit Murray's mitt, he was struck by lightning and fell to the ground. Incredibly, the unconscious player held onto the ball.

"I think the ump bet on the other team."

So you're up at bat and the game's on the line. The score is tied, the other team has just committed two errors, and now the bases are loaded. A hit of any kind will put your team ahead, but the pitcher's a speedball artist and throws at 100 mph, plus he has an equally effective curve. He's been compared to Sandy Koufax because batters swear that his fastball actually rises. Other players have said they couldn't even see the ball when it zipped past them.

Today, however, although his speed is still there, he doesn't seem to have his normal pinpoint control, so you're hoping for a walk. The count is now 2-2. He rears back and throws a guided missile, the fastest you've ever seen. You can't even get the bat off your shoulder when the umpire punches the air and hollers "Strike three!" You're pretty sure it was outside so you turn and ask, "Where was that ball, ump?" "Hell, I don't know," he laughs, "but it sounded like a strike." Humiliated, you walk back to the dugout and see the manager shaking his head at you in disgust. "Don't blame me, Coach. That ump couldn't even see the ball. I think he must have bet on the other team."

Did You Know?

"Take Me Out to the Ballgame," a song that is revered by countless baseball fans around the world, was actually written in 1908 by Jack Norworth and Albert von Tilzer, neither of whom had actually ever attended a baseball game.

"Our polyester uniforms are too hot."

So you think we look sharp in our flashy new uniforms? All colorful and fit perfectly, and still leave you room to move? How about you warm up by running around the outfield for a few minutes? Feels good to be in that beautiful open space with all that freshly cut grass, right? So go ahead, do a lap around the park to get good and loose. Starting to heat up a bit? Now imagine the game has started on a muggy night and you're at bat. You take your home run swing but barely tick the ball and hit a swinging bunt. Everyone cheers for you to turn on your jets, and sure enough you beat the throw to first. You're just catching your breath and feeling a bit overheated from your sprint, then you get the sign from your manager to steal second on the very next pitch. That goes well too, you slide in headfirst and the ump gives the safe sign. Good for you, but now you're sweatin' like a pig and a big cloud of infield dirt has found its way into your pants. You're dying to scratch but you realize that a ballpark full of fans is looking at you and you can't do a thing but stand there and suffer.

So the next time you're trying to enjoy a day at the park, but it feels like you're on the surface of the sun and the blunders are adding up, just say, How can I play like this? These damn polyester uniforms are too hot!"

"I've been traded so much I couldn't find my way to the ballpark."

So let me paint you a picture. You've busted your butt since you were in Little League, practicing every day, dreaming about playing pro ball every night. Eating, sleeping, talking, thinking baseball. You were a standout on your high school and college teams, then the big day when you got your offer to play Single-A ball for a backwater team that paid you nothin'. You worked your way up until you got into the bigs, then after a couple of years of getting used to playing in a new city, you get traded, then get traded again, and again, and again … until you've been through half the teams in your league. Then one day you wake up and forget where you are, and by the time you get your bearings you're late for the game.

Frustrating to be sure, but at least you have a pretty good excuse. Just tell the manager, "Sorry, Chief. I've been traded so much I got lost and couldn't find my way to the ballpark."

"I have jock itch."

You wear a clean jockstrap for every practice and every game, and the locker room attendant assures you that he washes them with the mildest soap and water. But your uniforms are polyester that don't breathe and you've developed the worst case of jock itch you've ever had. And now you're about to take the field where thousands of fans are watching your every move. You squirm around as stealthily as you can, but nothing will help until you can get to someplace private and scratch till your heart's content. As the game progresses, you've struck out three times in a row, and do even worse in the field, committing two errors in one inning; one by throwing the ball way over the first baseman's head, and the second by dropping a pop fly while trying to adjust your

pants. The inning is mercifully over and you head directly past the dugout on the way to the locker room. As you rush pass the coach, you offer your heartfelt excuse: "Sorry, Coach. I've got a case of jock itch that's driving me crazy!"

"How am I expected to play my best for only 20 million a year?"

Okay, so I'm sure you're thinkin' I'm an overpaid, whiny baby, but hold on a minute; what would you do in my position? First of all, what about your agent? What did they do for you? Had you sign a few papers and now they're taking a big chunk right outta your butt, and that's after taxes. And then of course there's Uncle Sam, who hits you up for even more than the agent. And how about your lawyer and your accountant? I'm tellin' ya, they're no cakewalk. Now you're down to less than half of your gross, and here comes your family. They all expect you to spread the cash around, like building a new house for your mom and springing for a luxury car for your old man, and suddenly every third cousin within a thousand miles reminds you of how close you were as kids, and maybe you'd like to invest in their idea for selling ice over the internet. Plus, you now have an image. You gotta live big. Buy a multi-million-dollar crib, keep up your image with new threads and lots of bling, and your main squeeze is aptly named because they're putting the squeeze on you every time they want another four thousand dollar piece of jewelry to go with their new thousand-dollar kicks. "Believe me, I was further ahead before I got these big bucks and didn't have all this pressure on me. So really now, with all these headaches, how can I be expected to play my best with a paltry 20 mil per year?"

Did You Know?

Every major league baseball is actually rubbed
in Lena Blackburne Baseball Rubbing Mud.
This very unique mud can only be found
in Palmyra, New Jersey.

"The organist played too loud and it was distracting."

Picture a close game when you're focusing at a hundred percent. You're in the infield at shortstop and checking the catcher's signals to anticipate where the ball might go if the batter connects. First pitch is high and outside, next one is low. Count of 2-0. The pitcher doesn't want to get further behind so he zips a fastball down the middle. *Pow!* It's a hot grounder coming straight to you and you're ready to gobble it up, but right then the organist decides to play the "Charge!"

notes at high volume and you are slightly jolted by the sound. The ball caroms off your glove, and by the time you retrieve it, your throw to first is too late. Scored error on 6. You. Curses! But no worries, just tell anyone that would listen, "The organist played that darn "Charge!" too loud and it distracted me from making what would have been an easy play."

"I guess God isn't a baseball fan because He hardly ever answers someone's prayers while playing."

You know how it is. Sometimes you get so desperate that you look for help from above. You're standing in the outfield with the sun in your eyes, praying for clouds, but that hardly ever works. And the next thing you know, a towering fly ball is coming your way. After running around in circles, you watch the ball drop right in front of you. Or perhaps you're in a bad slump praying for a walk with a 3-2 count when the umpire rings you up on a pitch that's six inches outside. So the next time things don't go your way, feel free to say, "I guess God just isn't a baseball fan." (Or could it be that He prefers the other team?)

Epilogue

So remember my fellow baseball lover, always play your hardest and root, root, root for the home team. But at the end of the day, if the unthinkable has occurred, and you have gone 0-for-5 at the plate, given up seven earned runs in two innings, made three errors, been thrown out twice on the basepaths, or even worse, you've made the most important out of the game (the last out that cost your team the game), you'll have nothing to fear. Now you'll be able to explain to anyone who will listen why your play was so inferior. You can explain it all with *Baseball's Best Excuses*.

¿HAS LEÍDO ALGO BRILLANTE Y QUIERES CONTÁRSELO AL MUNDO?

Ayuda a otros lectores a encontrar este libro:

- Publica una reseña en nuestra página de Facebook @GrupoNelson

- Publica una foto en tu cuenta de redes sociales y comparte por qué te agradó.

- Manda un mensaje a un amigo a quien también le gustaría, o mejor, regálale una copia.

¡Déjanos una reseña si te gustó el libro! ¡Es una buena manera de ayudar a los autores y de mostrar tu aprecio!

Visítanos en **GrupoNelson.com** y síguenos en nuestras redes sociales.

UN REGALO PARA

....

DE

....

FECHA

....

EL

MILAGRO

DE LA

PAZ

*PUEDES ENCONTRAR LA PAZ EN CADA
DESAFÍO QUE ENFRENTES*

JACK COUNTRYMAN

CONTENIDO

INTRODUCCIÓN

Cuando tenía unos cuarenta años, me esforzaba por tener éxito en el mundo de los negocios. Quería hacer algo más que tan solo ganarme la vida; quería que me fuera bien en mi carrera profesional. Al mismo tiempo, participaba en un estudio bíblico para hombres. Una mañana estábamos enfocados en el pasaje de Filipenses 4:6-7: «Por nada estén afanosos; antes bien, en todo, mediante oración y súplica con acción de gracias, sean dadas a conocer sus peticiones delante de Dios. Y la paz de Dios, que sobrepasa todo entendimiento, guardará sus corazones y sus mentes en Cristo Jesús».

Estos versículos me hablaron directamente, y cambiaron mi vida. Aquella mañana me apropié de estos versículos y tomé la decisión de dejar de preocuparme por si tendría o no tendría éxito en mi trabajo y mi vida. Decidí dejar que Dios dirigiera mi vida, así como

también mi matrimonio, y estar en paz en mi relación con mi Padre celestial.

Al mirar atrás, cuarenta y siete años después de aquella mañana que cambió todo para mí, en verdad puedo decir basándome en mi propia vida que la paz de Dios es un regalo indescriptible e inimaginable. Así como yo y otros cristianos que conozco lo hemos experimentado, tú también puedes conocer la gran bendición de Dios que es su paz, la cual sobrepasa todo entendimiento. Al viajar por la vida, Dios quiere que estemos verdaderamente en paz con Él, con otras personas y con nosotros mismos. Llegamos a conocer la paz de Dios cuando, en primer lugar, reconocemos nuestro pecado, recibimos su perdón y aceptamos a su Hijo Jesús como nuestro Salvador y Señor. Después ponemos a Dios en primer lugar en nuestra vida: dejamos que Él guíe todo lo que decimos y hacemos; acudimos a Él en busca de dirección; y confiamos en las promesas que hallamos en su Palabra. No hay otro camino para encontrar la paz con Dios.

De hecho, siempre que intento vivir sin Jesús como mi Pastor y mi Rey, me siento perdido e inútil. Sin embargo, cuando tengo a Cristo en el centro de mi vida, descubro que Él me capacita para hacer todo aquello a lo que me ha llamado y que me bendice cada día con su paz. Es mi oración que este libro te ayude a conocer mejor a

Dios y por lo tanto a experimentar su paz de una forma más plena... y que su paz sirva como un recordatorio constante de su amor eterno por ti.

JACK COUNTRYMAN

Entonces vinieron algunos de los hijos de Benjamín y Judá a David a la fortaleza. Y David salió a su encuentro, y les dijo: «Si vienen a mí en paz para ayudarme, mi corazón se unirá con ustedes; pero si vienen para entregarme a mis enemigos, ya que no hay maldad en mis manos, que el Dios de nuestros padres lo vea y decida». Entonces el Espíritu vino sobre Amasai, jefe de los treinta, el cual dijo:

> *«Tuyos somos, oh David,*
> *Y contigo estamos, hijo de Isaí.*
> *Paz, paz a ti,*
> *Y paz al que te ayuda;*
> *Ciertamente tu Dios te ayuda».*

Entonces David los recibió y los hizo capitanes del grupo.

1 CRÓNICAS 12:16-18

1

ESCOGER LA PAZ LOS UNOS CON LOS OTROS

T odos hemos tenido la experiencia de estar en una conversación que se vuelve cada vez más intensa y acalorada, y llegamos a un punto en el que no estamos seguros de los derroteros que este diálogo tomará. Las emociones nos animan a ganar el argumento o devolver un insulto con otro insulto. ¿Qué pasaría si, en lugar de eso, decidimos hacer las paces con ese hermano o hermana en Cristo?

El camino de Dios es el camino de la paz. Él también quiere unidad entre sus seguidores. Cuando, por su gracia, vamos más allá de cómo nos sentimos y buscamos estar en paz con nuestros hermanos y hermanas, podemos experimentar un cambio en nuestro corazón y posiblemente evitar decir o hacer algo que después lamentaremos en el futuro. Por lo tanto, lleva a Dios en oración cualquier aspecto de la conversación —¡o de la persona!— que te esté molestando. Escucha al Espíritu Santo, que es tu guía, y confía en que Él te capacitará para obedecer.

A fin de zanjar o evitar un conflicto, primero acude a Dios y busca la guía de su Espíritu. Dios siempre está listo para que acudamos a Él con un corazón y una mente receptivos. Él siempre está listo para darte la sabiduría que necesitas (Santiago 1:5).

PARA REFLEXIONAR

Si te detuvieras y escucharas a Dios la próxima vez que surja un conflicto, ¿qué podrías esperar que Él te dijera?

Que Dios nuestro Padre y el Señor Jesucristo derramen sobre ustedes su gracia y su paz.

1 CORINTIOS 1:3, DHH

2

PAZ DE LO ALTO

Hace tres años —y un mes después de haberme caído y dado un golpe en la cara— mi esposa Marsha y yo estábamos viendo televisión. Al volverme para hablar con ella, no pude pronunciar ni una sola palabra. Cuando llamamos al médico a la mañana siguiente, la enfermera me dijo que fuera al centro médico local de inmediato, y así lo hicimos.

Tras descubrir que tenía sangre en el cerebro, el médico me envió a Vanderbilt, donde supe que tenía tres opciones: (1) esperar y ver si la sangre era absorbida en mi cuerpo; (2) que me hicieran una craneotomía para quitarme una parte del cráneo y detener la hemorragia; o (3) sufrir una intervención quirúrgica que consistía en hacerme uno o varios agujeros pequeños en la cabeza y usar un tubo para drenar la sangre. Sin dudarlo, decidí que me hicieran la cirugía. Lo que me asombra es que no tuve ni duda ni temor; estaba completamente en paz. Más tarde, cuando fui al hospital para que me realizaran la operación, tuve la misma confianza de que Dios estaba a cargo de todo y cuidaría de mí. Y Él lo hizo.

Dos semanas después de la cirugía, fui a visitar a mi médico de cabecera. Me miró a los ojos y me preguntó: «Jack, ¿eres consciente de la suerte que tienes? Siete de cada diez personas mueren cuando tienen sangre en el cerebro».

Al pensar ahora en toda esa situación, me doy cuenta de que nunca temí por mi vida. En cada paso del camino, Dios me dio un sentimiento de paz que no puedo explicar. No tenía duda de que Él estaba conmigo y la cirugía saldría bien.

Cuando decides entregarle tu vida a Dios, el Espíritu Santo que vive en tu interior se convierte en tu Consolador (Juan 14:16, RVR-1960). ¡Gloria a Dios! ¡Qué bendición!

PARA REFLEXIONAR

Intenta acordarte, como hice yo, de una situación en tu vida en la que tuviste que enfrentar el temor. Comenta el grado de paz que experimentaste o no en cada paso del proceso.

«Quien quiera amar la vida y pasar días felices,
cuide su lengua de hablar mal
y sus labios de decir mentiras;
aléjese del mal y haga el bien,
busque la paz y sígala.
Porque el Señor cuida a los justos
y presta oídos a sus oraciones,
pero está en contra de los malhechores».

1 PEDRO 3:10-12, DHH

3

DIOS QUIERE BENDECIRTE

No se trata solo de una celebración del Día de Acción de Gracias. Tampoco debería convertirse en algo repetido y robótico. Estoy hablando de considerar todo lo que tienes como resultado de la gracia de Dios, todo lo que tienes que agradecerle; todo lo que tienes, punto.

Para empezar, Dios tal vez te ha dado buena salud, un empleo y un lugar donde vivir. Añade cinco —o diez o veinte o más— cosas a tu lista. Luego, dale gracias a Dios por su amor, su misericordia y su gracia.

Después, considera qué bien te hace quejarte por lo que no tienes o por las circunstancias actuales de tu vida. Según las Escrituras, «el Señor cuida a los justos y presta oídos a sus oraciones» (1 Pedro 3:12, DHH). ¡Qué promesa tan maravillosa, y qué invitación! Debes saber que Dios escucha tus oraciones, que anhela bendecir tu vida y que su paz es solo uno de los regalos que tiene para ti. Acércate a Dios en cada momento de cada día, porque en su presencia serás bendecido al experimentar su paz.

PARA REFLEXIONAR

Piensa en lo que te impide acercarte a Dios en el transcurso de tu día. Considera qué puede estar impidiendo que oigas su voz. Después, decide cómo eliminar, superar o evitar esos obstáculos.

Pablo, Silvano y Timoteo, a la iglesia de los tesalonicenses en Dios Padre y en el Señor Jesucristo: Gracia a ustedes y paz.

Siempre damos gracias a Dios por todos ustedes, mencionándolos en nuestras oraciones, teniendo presente sin cesar delante de nuestro Dios y Padre su obra de fe, su trabajo de amor y la firmeza de su esperanza en nuestro Señor Jesucristo [...] porque nuestro evangelio no vino a ustedes solamente en palabras, sino también en poder y en el Espíritu Santo y con plena convicción; como saben qué clase de personas demostramos ser entre ustedes por el amor que les tenemos.

Y ustedes llegaron a ser imitadores de nosotros y del Señor, habiendo recibido la palabra, en medio de mucha tribulación, con el gozo del Espíritu Santo.

1 TESALONICENSES 1:1-3, 5-6

4

PAZ CON DIOS

HANK HANEGRAAFF

Este pasaje de 1 Tesalonicenses me recuerda a mi buen amigo Hank Hanegraaff. Durante cuatro años, Hank peleó una batalla para superar su lucha contra un linfoma de células del manto en fase 4. Le pregunté a Hank sobre la paz que Dios le dio durante esa prueba.

Cuando mi querido amigo Jack Countryman me pidió que escribiera sobre la paz, lo consideré una tarea abrumadora. No porque no haya experimentado la paz. Sino más bien porque como explicó San Pablo: «La paz de Dios sobrepasa todo entendimiento».

El evangelio de la paz es una vista previa de la promesa de una paz perfecta en el paraíso. En el presente, nuestra paz todavía sigue siendo imperfecta. Sin embargo, como seguidores del Cordero, continuamos adelante hacia la promesa cierta de que un día traspasaremos el umbral del Jordán para entrar en un océano eterno de perfecta paz. Por lo tanto, los que están firmes

con sus pies calzados con el apresto que viene del evangelio de la paz están solamente a un latido de distancia de la perfecta paz.

Mediante la paz con Dios, la paz con otros y la promesa de una paz segura en el paraíso, estamos equipados para enfrentar todas las pruebas y tribulaciones que la vida nos ponga por delante. Aunque he contemplado esa paz en escritos previos, nunca he experimentado el océano de la paz de Dios ni la mitad de lo que lo experimenté cuando yacía en la cama de un hospital enfrentando mi propia mortalidad. Tras haber peleado ya por cuatro años una batalla contra un linfoma de células del manto en fase 4, los tumores abrumaban mi cuerpo físico. Las probabilidades de sobrevivir comenzaban a ser cada vez menores. Sin embargo, durante la parte más agonizante del proceso, puedo testificar que la paz de Dios fue una realidad existencial. Me bañé en el océano de su paz providencial y me gocé en su poder y su presencia en medio de mi dolor. Por lo tanto, puedo testificar de todo corazón sobre una paz que no tengo palabras para explicar adecuadamente.

PARA REFLEXIONAR

Describe un tiempo en el que experimentaste
si no «el océano de la paz de Dios», al
menos algunas olas considerables.

Pero en cuanto al amor fraternal, no tienen necesidad de que nadie les escriba, porque ustedes mismos han sido enseñados por Dios a amarse unos a otros. Porque en verdad lo practican con todos los hermanos que están en toda Macedonia. Pero les instamos, hermanos, a que abunden en ello más y más, y a que tengan por su ambición el llevar una vida tranquila, y se ocupen en sus propios asuntos y trabajen con sus manos, tal como les hemos mandado; a fin de que se conduzcan honradamente para con los de afuera, y no tengan necesidad de nada.

1 TESALONICENSES 4:9-12

5

EL AMOR DE HERMANO
Y LA PAZ DE DIOS

Cuando pienso en mis hermanos en Cristo, me embarga un sentimiento de aprecio por su amor desinteresado y su cuidado de mí, semejantes a los de Jesús. A lo largo de los años, he aprendido mucho de las maneras en que lideran y de las vidas que modelan. Estos hombres piadosos y consagrados me han ayudado a vivir una vida pacífica, y mediante su amistad Dios me inunda de su amor, su gozo y su paz.

Estos hermanos en Cristo también me han alentado mediante sus palabras y su ejemplo a buscar a Dios en todo lo que digo y hago. Por lo tanto, mi oración cada día es que Dios sea el centro de mi vida, y le pido: «Sean gratas las palabras de mi boca y la meditación de mi corazón delante de Ti, Oh SEÑOR, roca mía y Redentor mío» (Salmos 19:14). El resultado es un estilo de vida que honra y agrada a Dios.

Este estilo de vida es también un testimonio maravilloso para el mundo. Al fin y al cabo, Dios llama a todos los que han decidido seguir a Jesús a ser sus testigos en

este mundo perdido. Cuando vivimos de modo que otros puedan ver a Cristo en nosotros, Dios nos usa para brillar con la luz de su amor y su verdad. Las personas que conocemos quizá nos pregunten qué nos hace distintos, y entonces podemos decirles lo que Jesús significa para nosotros.

PARA REFLEXIONAR

Un creyente atento y anónimo preguntó una vez: «Si te arrestaran por ser cristiano, ¿habría evidencia suficiente en tu vida para condenarte?». ¿Qué evidencia señalarías tú? (Tal vez un amigo pueda ayudarte con esto). ¿Qué podrías hacer para asegurar la presencia de una evidencia fuerte y convincente? Sé específico.

Pero les rogamos hermanos, que reconozcan a los que con diligencia trabajan entre ustedes, y los dirigen en el Señor y los instruyen, y que los tengan en muy alta estima con amor, por causa de su trabajo. Vivan en paz los unos con los otros.

1 TESALONICENSES 5:12-13

6

VIVIR EN PAZ CON TUS
HERMANOS Y HERMANAS

Algunas veces puede resultar difícil vivir en paz con los demás, ya sean compañeros de trabajo, familiares, vecinos, amigos o realmente cualquiera que se cruce en nuestro camino con regularidad. Personalidades, política, pasiones, prácticas, valores y metas, ideas y creencias... todo esto y más pueden ser razones para el conflicto. Sin embargo, cuando nos acercamos a las personas con el amor de Dios, el conflicto se puede acabar. Las Escrituras nos exhortan: «Animen a los desalentados, sostengan a los débiles y sean pacientes con todos» (1 Tesalonicenses 5:14), y cuando hacemos eso, mejoramos las probabilidades de vivir en paz con las personas que nos encontramos. Estas conductas son aprendidas (¡qué verdad tan alentadora!), y también le dan la gloria a Dios.

Ahora bien, sé que la lista de todo lo que puede desencadenar un conflicto es larga, pero no te desanimes. He aprendido a mis noventa y un años que cuanto más cerca camino de Dios, menos me preocupa la forma en que

otras personas actúan. Cuanta más atención le doy a la presencia de Dios conmigo, más experimento su amor, misericordia y gracia en una abundancia que me capacita para compartir su amor, misericordia y gracia con otros, y eso es muy bueno para la prevención del conflicto. Además, cuando hago de mi relación con mi Padre celestial la prioridad principal en mi vida, lidio mejor con los inevitables momentos difíciles de las relaciones con las personas. De hecho, cuanto más me apoyo totalmente en mi Dios, más experimento su paz que sobrepasa todo entendimiento. ¡Inténtalo!

PARA REFLEXIONAR

Explica tus ideas con respecto a por qué estar en paz con Dios mejora nuestras relaciones con los demás seres humanos, especialmente con otros seguidores de Cristo.

*Que Dios mismo, el Dios de paz, los haga a
ustedes perfectamente santos, y les conserve todo
su ser, espíritu, alma y cuerpo, sin defecto alguno,
para la venida de nuestro Señor Jesucristo. El que los
llama es fiel, y cumplirá todo esto.*

1 TESALONICENSES 5:23-24, DHH

7

PAZ CON DIOS

O. S. HAWKINS

O. S. Hawkins es un escritor y amigo, y tuve el privilegio de publicar sus diez libros más recientes. Su humor es contagioso, y hablamos una y otra vez sobre la vida y sus muchos desafíos. Decir que soy afortunado de tener un amigo como O. S. es quedarme corto.

El hijo primogénito tiene algo especial. Encontramos esta verdad a lo largo de toda la Biblia y sabemos que es cierta por nuestra propia experiencia. ¿Quién de nosotros puede olvidar el nacimiento de nuestro primer hijo? Sí, el nacimiento del primogénito es especial, como lo es también el nacimiento del primer nieto.

Jackson Hawkins Shivers entró en nuestro mundo el 18 de enero del año 2003. Desde el instante en que lo sostuve por primera vez entre mis brazos, supe que este tocayo mío y yo íbamos a tener una relación especial. La misma comenzó en ese momento y se ha fortalecido con los años.

Cuando Jackson tenía tres años de edad, sus padres hicieron un viaje a California, y mi esposa y yo tuvimos el gozo de tenerlo para nosotros solos durante unos días. Sentado en mi regazo en la oficina, señaló con su dedo y me preguntó: «Popi, ¿qué es eso?». Yo le respondí: «Un abridor de cartas», y dejé que lo sostuviera. Lo siguiente que supe, con un tirón de su brazo, fue que el abrecartas estaba clavado en su ojo izquierdo. Le hicieron varias cirugías en las semanas siguientes, y el peso de saber que todo fue culpa mía me estuvo robando el sueño, la paz y casi todo lo demás durante aquellos días y semanas. Cuando Jackson creció, los cirujanos pudieron coserle en el ojo una lente intraocular, y en la actualidad —por la gracia de Dios— ve perfectamente sin ningún síntoma de algún trauma pasado. La experiencia llevó a nuestra familia a un nuevo nivel de dependencia de Dios y confianza en su voluntad que nunca antes habíamos conocido.

La paz llegó... finalmente. Siempre llega a quienes se aferran a las promesas de Dios. Sin embargo, aquellas primeras semanas tras el incidente con el abrecartas fueron como una laceración en mi brazo tratando de sanar. El proceso de sanidad va bien hasta que te golpeas con algo y la herida se abre de nuevo. Con el tiempo, incluso una herida profunda del corazón llega a sanar... aunque a menudo las cicatrices de una experiencia persisten y hacen recordar.

Mientras escribo estas palabras, Jackson es un destacado jugador de básquet de un metro y noventa y cinco centímetros que está en su último año de secundaria y a punto de entrar en la universidad. Al mirar atrás al viaje que hemos hecho juntos cuando él era tan pequeño, entendemos Romanos 8:28. Sabemos —como solo los miembros de la familia eterna de Dios lo saben— que sí, «para los que aman a Dios, todas las cosas cooperan para bien, *esto es*, para los que son llamados conforme a *Su* propósito».

PARA REFLEXIONAR

Cuando nos resulta difícil no culparnos por ciertas circunstancias o un acontecimiento específico, ¿qué podemos pedirle a Dios para poder experimentar su consuelo y paz?

Que Dios nuestro Padre y el Señor Jesucristo
derramen su gracia y su paz sobre ustedes.

Alabado sea el Dios y Padre de nuestro
Señor Jesucristo, pues él es el Padre que nos tiene
compasión y el Dios que siempre nos consuela. Él nos
consuela en todos nuestros sufrimientos, para que
nosotros podamos consolar también a los que sufren,
dándoles el mismo consuelo que él nos ha dado a
nosotros. Porque así como los sufrimientos de Cristo
se desbordan sobre nosotros y nosotros sufrimos
con él, así también por medio de Cristo se desborda
nuestro consuelo.

2 CORINTIOS 1:2-5, DHH

CONOCER EL CONSUELO
Y LA PAZ DE DIOS

Piensa en alguna ocasión en la que, si alguna vez te ha sucedido, la vida era complicada, no avanzabas, orabas con no mucho más que la fe del tamaño de un grano de mostaza, y la situación empeoró en lugar de mejorar.

Una vez estaba en un negocio con un hombre con el que me resultaba difícil llevarme bien, y quería un cambio. Sin embargo, aunque me esforzaba mucho trabajando para mejorar nuestra relación, nada cambiaba... hasta que, mientras oraba, finalmente le entregué la situación a Dios. Ah sí, seguí esforzándome mucho, pero dejé a un lado la relación; me aparté del camino para permitir que Dios hiciera lo que Él iba a hacer. Me mantuve fiel a la tarea que sabía que yo tenía que realizar. Dejé de preocuparme por el resultado, y Dios me bendijo con cierta sensación de consuelo y paz.

Fue asombroso cómo Dios le dio la vuelta por completo a nuestro negocio, y diez meses después le vendimos la empresa a Thomas Nelson. Durante los veinticinco

años entre la venta y ahora, Dios nos ha bendecido mucho más de lo que podíamos imaginar. A nuestro buen Dios le encanta darles buenos regalos a sus hijos, y Él hace que nuestra fe crezca mientras esperamos.

PARA REFLEXIONAR

Escribe unas cuantas cosas que te impiden confiar en Dios, y después lo que harás para superar cada una de ellas.

Confía en el Señor con todo tu corazón,
Y no te apoyes en tu propio entendimiento.
Reconócelo en todos tus caminos,
Y Él enderezará tus sendas.

PROVERBIOS 3:5-6

9

EL CONSUELO DE LA
PAZ DE DIOS

SCOTT LEHMAN

Hace veintitrés años conocí a Scott Lehman.
Él y su esposa Leslie acudieron a Jack Countryman con la esperanza de obtener un permiso para usar la frase «In His Grip» para un
ministerio que él quería comenzar. Habíamos
publicado un libro con ese título, y ese libro
había influenciado a Scott para convertirse en
cristiano. Durante nuestra reunión, me sentí conmovido por su humilde sinceridad y le
ofrecí convertirme en su mentor espiritual, un
rol que ha continuado hasta el presente. In His
Grip es un ministerio de golf con una misión:
conducir a los hombres a Jesucristo mediante
el deporte del golf. Recientemente, hablé con
Scott sobre una ocasión en la que experimentó la paz de Dios.

Uno de mis lugares favoritos en la tierra es el Lago Priest, en Idaho. He ido allí con la familia de mi esposa por más de veinte años. Es un lugar donde Dios renueva y restaura mi alma. Para mí, el Lago Priest es donde el cielo desciende a la tierra.

Allá por julio del año 2017, nos encontrábamos de nuevo embarcándonos en unas vacaciones familiares de una semana en el Lago Priest. Había sido un año inusual. Como fundador y presidente del ministerio In His Grip desde 2007, había batallado por varios meses con el futuro de la organización. Las iglesias locales se habían visto obligadas a reducir su apoyo económico al ministerio, una realidad que me obligó a entrar en una época de oración fuerte y ferviente, buscando constantemente la guía y la dirección del Señor. Sin embargo, lo único que oía era a los grillos. La frustración y la ansiedad se estaban apoderando de mí; no encontraba paz en ningún lugar.

Entonces, una mañana temprano, me encontraba sentado en el borde del muelle clamando a Dios, preguntándole por qué guardaba tanto silencio y rogándole que me ofreciera su guía. Las lágrimas corrían por mis mejillas, y cuando una de ellas llegó a la superficie del lago, experimenté la voz del Señor hablándome en lo más profundo de mi alma.

Dios me dijo: «Hijo mío, mientras contemplas la tranquilidad de estas aguas, no te das cuenta de que estoy

trabajando en lo más hondo de tu corazón y tu alma a fin de prepararte para el lugar a donde te quiero llevar. Yo nunca descanso; siempre estoy obrando y preparando el camino para ti. Sé paciente, hijo mío. Sigue buscándome y clamando a mí. Yo escucho cada una de tus palabras, y recojo en la palma de mi mano cada una de las lágrimas que viertes. Recuerda también que mi tiempo nunca se adelanta ni nunca se atrasa. Mi tiempo es siempre perfecto, como pronto podrás ver».

Me sentí sobrecogido por la presencia del Señor en mi interior, y cuando alcé la cabeza, experimenté una paz que verdaderamente sobrepasaba todo entendimiento. Supe sin lugar a dudas que Dios estaba conmigo, y también comprendí que tenía que seguir recordando y viviendo el versículo de mi vida. Para ser específico, necesitaba confiar en el Señor con todo mi corazón y no apoyarme en mi propio entendimiento. En cambio, tenía que reconocerlo a Él en todos mis caminos como Señor, y confiar en que enderezaría mi senda.

PARA REFLEXIONAR

¿En qué momento fue cuando menos entendiste lo que Dios estaba haciendo en tu vida? ¿Hasta qué punto tenías paz en ese tiempo? Identifica los factores que pudieron haber contribuido a la presencia o la ausencia de paz.

Muestra maravillosamente Tu misericordia,
Oh, Salvador de los que se refugian a Tu diestra
Huyendo de los que se levantan contra ellos.
Guárdame como a la niña de Tus ojos;
Escóndeme a la sombra de Tus alas
De los impíos que me despojan,
De mis enemigos mortales que me rodean.

SALMOS 17:7-9

10

LA PROTECCIÓN DE DIOS

MARSHA COUNTRYMAN

He estado casado con mi amada esposa Marsha por cincuenta y cinco años. Durante este tiempo, nuestro amor ha crecido, y la aprecio hoy más que nunca. Le he pedido que hable de una experiencia que tuvo hace muchos años en la que pudo sentir la protección de Dios y su paz.

Hace muchos años, cuando tenía tan solo diecinueve años, conducía de regreso a casa desde la academia infantil donde enseñaba baile. Me detuve ante una señal de pare y giré a la izquierda. Eso era todo lo que recordaba cuando me desperté en una ambulancia y un bombero me hacía preguntas. Sentía un dolor intenso en la pierna derecha, pero mantuve mis ojos cerrados. No podía ver —no quería ver— lo que estaba ocurriendo, pero escuchaba a unos hombres hablar.

Cuando pregunté qué había sucedido y por qué me dolía la pierna, él me dijo que me tuvo que vendar la

pierna porque había tenido un accidente. Le dije que no me dejara sangrar mucho si había hemorragia, porque tenía anemia. Él sonrió y me dijo que no lo haría. Durante todo el trayecto en la ambulancia, sentí la paz de Dios: sabía que estaba en las competentes manos no solo de los bomberos, sino también de mi Señor.

Lo siguiente que recuerdo es que desperté en la cama de un hospital. Una sábana hacía de cortina sobre un marco de aluminio que cubría la parte inferior de mi cuerpo, pero no había nada que me tocara. Sin tener ni la más mínima idea de la gravedad de mi lesión, comencé a hacer preguntas.

Supe que un camión cargado de troncos circulaba rápido cuando se le bloquearon los frenos. Este golpeó contra el lado del conductor de mi automóvil, y como las leyes sobre los cinturones de seguridad no estaban en el reglamento en ese entonces, salí despedida hasta la carretera y frente a las ruedas del camión bloqueadas. Llevaba unos grandes rulos de plástico en mi largo cabello, ya que tenía una cita esa noche. Esos rulos impidieron que me abriera la cabeza, pero aun así tenía los dos ojos morados. El peor daño lo sufrió mi pierna derecha. Me tuvieron que injertar piel del muslo izquierdo para intentar reconstruir la otra pierna, pero el cirujano dijo que eso no funcionó muy bien, ya que había perdido buena parte del músculo cuando fui arrastrada por el

asfalto. Estuve en el hospital por tres meses, y los médicos usaban unos baños especiales para ayudar a sanar las heridas. En las mañanas mezclaban algún tipo de aceite con agua, y por las noches añadían en su lugar vinagre. Me reía cuando las enfermeras me decían que olía a ensalada.

No tuve ningún temor cuando estuve en el hospital, porque sentí que la paz de Dios me cubría. Vivía un día a la vez, y no me miré en el espejo hasta un mes después de estar internada. No tenía miedo, y en realidad no lloré hasta el día que llegó mi cirujano para hablar de mi situación. Me explicó que estaba contento con la evolución de mi pierna, admitiendo que en un momento llegó a pensar que quizá tendría que amputarla por la rodilla si la herida se llegaba a infectar. ¡Comencé a llorar al oír esas palabras! Cuando preguntó por qué lloraba cuando no lo había hecho hasta ese momento, le dije que la razón era que no sabía que el accidente había sido tan grave. El doctor fue muy considerado y me dio un abrazo. Me dijo que no me preocupara y me aseguró que me pondría bien.

Pude comenzar a ejercitarme lentamente y tuve que caminar con la pierna derecha rígida por muchas semanas para no estropear la sanidad de la rodilla. Con el paso del tiempo, comencé a dar lecciones especiales de *ballet* para alargar y fortalecer el gemelo.

En la actualidad, a veces se me olvida cuál fue la pierna dañada. Y cuando alguien me pregunta por mi cicatriz, le digo: «Me alegra que me lo preguntes. Permíteme contarte cómo Dios me protegió en un accidente de automóvil».

PARA REFLEXIONAR

Le damos la gloria a Dios cuando hablamos de sus buenas obras hacia su pueblo. ¿Qué ejemplo de protección sobre tu vida vas a compartir esta semana, y con quién?

«Bienaventurados los que procuran la paz, pues
ellos serán llamados hijos de Dios.
»Bienaventurados aquellos que han sido
perseguidos por causa de la justicia, pues
de ellos es el reino de los cielos.
»Bienaventurados serán cuando los insulten y
persigan, y digan todo género de mal
contra ustedes falsamente, por causa
de Mí. Regocíjense y alégrense, porque
la recompensa de ustedes en los cielos
es grande, porque así persiguieron a los
profetas que fueron antes que ustedes».

MATEO 5:9-12

11

PAZ CON LOS AMIGOS EN JESÚS

JOEY HICKMAN

A través del ministerio In His Grip, Joey Hickman se ha convertido en uno de mis mejores amigos. Él es una persona genuina que ama al Señor, es transparente con respecto a su amor por Cristo, y ha experimentado la paz de Dios.

Miraba fijamente sin poder creerlo...

El puente sobre el río Hatchie se había derrumbado minutos antes, el río había engullido a cinco vehículos, y ocho automovilistas habían muerto. Y ese fue el momento en el que me enfrenté al pecado en mi vida y mi propia mortalidad. Dios me habló con claridad la noche del 1 de abril de 1989. Todavía puedo ver las imágenes en mi mente. Aquella noche en ese puente le entregué mi vida a Cristo; puse mi confianza en Él como mi Señor y mi Salvador.

En ese entonces servía como bombero voluntario en la brigada contra incendios de Henning, Tennessee. Aproximadamente a las 8:30 de la noche, cada uno de nosotros recibió una llamada para que nos presentáramos en el puente del río Hatchie y nos preparáramos para estar allí un buen rato. Agarré mis cosas y recorrí los cinco kilómetros de distancia que había desde mi casa. Cuando llegué, me di cuenta de que el catastrófico derrumbe había ocurrido hacía solo pocos minutos.

Una semana antes había decidido dejar de beber alcohol. Tenía veintiséis años, confrontaba un problema con la bebida y mi vida estaba descontrolada. Esa primera semana fue dura, y apenas si conseguí superar esos siete días sin beber. La noche que se derrumbó el puente, estaba en casa delante del televisor intentando mantenerme lejos del alcohol. Cada minuto que intentaba estar sobrio mediante mis propias fuerzas resultaba difícil.

Esa noche en el puente, comprendí que Dios estaba esperando que le entregara el control de mi vida. Cuando decidí rendirme a Él, la paz que sobrepasa todo entendimiento vino a mi vida. Ya no intentaba permanecer sobrio solo para estar sobrio. Ahora mi vida tenía propósito, y

ya no sentía que iba a perder el control. Durante casi treinta y dos años ya me he mantenido sobrio por el poder y la gracia de Dios. Nunca tuve que pasar por ningún programa o seguir ningún plan de desintoxicación. Mi vida cambió en el instante en que me di cuenta de cómo habría sido mi eternidad si hubiera sido una víctima del derrumbe de ese puente.

En la actualidad, estoy felizmente casado, tengo dos hijos y una vida plena en Cristo. Mi hija de veintitrés años, Shelby, tiene necesidades especiales graves, y mi esposa Susan y yo somos sus cuidadores. Es la paz de Dios la que nos permite enfrentar las dificultades de este nuevo papel en nuestra vida. Cuando sus problemas de salud nos agobian excesivamente, confiamos en la fuerza de Dios para sobrellevarlos. De no haber sido por esa noche en el puente donde Dios me encontró, no sé si habría sido capaz de enfrentar cada día cuidando a Shelby. Sin embargo, su gracia, su fortaleza y su paz me capacitan para desempeñar este papel de cuidador que Dios me ha dado.

Dios espera que nos rindamos a Él y aceptemos a su Hijo Jesús como nuestro Señor y Salvador. Cuando lo hacemos, podemos vivir en el centro de su voluntad

buena y perfecta mientras dejamos que Jesús viva en nosotros y actúe a través de nosotros.

PARA REFLEXIONAR

No todos los creyentes tienen un momento concreto de acudir a Jesús, pero es posible que tú sí lo tengas. Comparte cómo fue esa ocasión para ti, o al menos la que consideres la experiencia más parecida a un momento así.

Los ojos del Señor están sobre los que le temen,
Sobre los que esperan en Su misericordia,
Para librar su alma de la muerte,
Y conservarlos con vida en tiempos de hambre.
Nuestra alma espera al Señor;
Él es nuestra ayuda y nuestro escudo.

SALMOS 33:18-20

12

NUESTRA AYUDA Y
NUESTRO ESCUDO

El verano pasado, Marsha y yo pasamos un tiempo en Montana, uno de nuestros lugares favoritos para visitar.

Un día, cuando conducía de regreso a casa después de jugar al golf con un buen amigo, un camión cruzó la línea central y se dirigía directo hacia mí. Sin pensarlo, giré bruscamente el volante en la carretera de dos carriles hacia la cuneta, mientras que el camión pasaba rozándome.

Siempre que pienso en ese incidente, solo puedo darle gracias a Dios por su protección. Su Espíritu Santo me hizo reaccionar y, como resultado, evitó que el camión se estrellara contra mí. Y sigo asombrándome de no haber sentido ni el más mínimo atisbo de temor en esos momentos fatales. Dios estaba cuidando de mí, me estaba protegiendo, y estaba seguro en su presencia, de verdad tuve un sentimiento de paz —su paz— durante toda esa experiencia breve, pero potencialmente aterradora. ¡A Dios sea la gloria!

Dios en verdad cumplió su promesa de paz en mi vida ese día inolvidable en Montana. Y claramente me protegió. Como proclama una de mis canciones *country* favoritas, Jesús tomó el volante. El Dios Todopoderoso fue mi ayuda y mi escudo.

PARA REFLEXIONAR

No sabemos de lo que Dios, que nunca duerme, nos protege en el transcurso del día. Sin embargo, en determinados momentos llegamos a ser muy conscientes de ello. ¿Recuerdas alguna vez en la que hayas experimentado la intervención de Dios en tu vida protegiéndote de algún daño? Describe brevemente las circunstancias y tus pensamientos y emociones en el proceso.

Yo soy el buen pastor [...] Mis ovejas oyen Mi voz; Yo las conozco y me siguen. Yo les doy vida eterna y jamás perecerán, y nadie las arrebatará de Mi mano. Mi Padre que me las dio es mayor que todos, y nadie las puede arrebatar de la mano del Padre.

JUAN 10:11, 27-29

13

SEGUIR AL PASTOR

Solo existe una fuente de paz que sobrepasa todo entendimiento, y esa fuente es nuestro Dios infinitamente amoroso, poderoso y bueno.

Demasiadas veces en la vida intentamos manejarlo todo por nosotros mismos. Pensamos: *Yo puedo manejar esto. No necesito la ayuda de nadie.* Y así es como piensan los necios.

Dios nos da libertad en esta vida. Podemos decidir seguirlo a Él y obedecer sus enseñanzas bíblicas. También podemos escoger ir por nuestro propio camino, y cuando lo hacemos, Él espera pacientemente a que nos demos cuenta de nuestros errores. Dios quiere guiarnos a cada uno de nosotros, sus hijos, y mostrarnos cómo vivir y qué hacer en cualquier circunstancia que enfrentemos. Dios ha prometido ser nuestro pastor y guiarnos en la vida. ¿Se lo permitirás?

Dios sabe exactamente lo que estás enfrentando hoy y cada uno de tus días. Recuerda, además, que su camino para ti es perfecto y sus planes siempre tienen en cuenta lo mejor para tu vida. De nuevo, quiero retarte a vivir con Dios como tu guía. Estudia su Palabra en busca de

dirección. Pasa tiempo en oración, pero no hables tú solo. Dedica parte de ese tiempo a escuchar. Aprende a sentir su presencia a tu lado —aprende a permanecer en Él— y verás que Dios es sin duda tu buen pastor.

PARA REFLEXIONAR

Piensa en una ocasión en la que claramente supiste cuál era la dirección de Dios para ti. ¿Lo seguiste? ¿Por qué sí o por qué no? ¿Cuáles fueron las consecuencias?

«Dichosos los que tienen hambre y sed de la
     justicia,
porque serán satisfechos [...]
»Dichosos los de corazón limpio,
porque verán a Dios [...]
»Dichosos los perseguidos por hacer lo que es
     justo,
porque de ellos es el reino de los cielos.
»Dichosos ustedes, cuando la gente los insulte
     y los maltrate, y cuando por causa
     mía los ataquen con toda clase de
     mentiras. Alégrense, estén contentos,
     porque van a recibir un gran premio en el
     cielo; pues así también persiguieron a los
     profetas que vivieron antes que ustedes».

MATEO 5:6, 8, 10-12, DHH

14

DIOS QUIERE BENDECIRNOS

En su Sermón del Monte, Jesús les presentó a sus discípulos y a todos los oyentes el código de conducta para su reino, un reino disponible para todo aquel que reconoce a Jesús como su Señor y Salvador. Y la sabiduría de este sermón es atemporal.

Por ejemplo, la bondad de Dios nos alimentará cuando tengamos hambre y sed de su justicia. Tendremos gozo y la bendición de Dios cuando busquemos estar en paz con nuestro precioso Señor.

Además, experimentaremos la bendición de ser claramente conscientes de la presencia de Dios con nosotros cuando tengamos el «corazón limpio», cuando vivamos con integridad, valor moral y un carácter piadoso.

Los creyentes serán dichosos y consolados con la paz interior y el amor de Dios cuando enfrenten desafíos en la vida, concretamente esos desafíos que llegan por hacer lo correcto y vivir como Él quiere que lo hagamos.

Y tendremos la dicha de poder alegrarnos y estar contentos cuando la gente nos insulte y maltrate por ser seguidores de Jesús.

Finalmente, podemos ser fieles al recordar que nuestra recompensa suprema nos espera en el cielo al margen de lo que pasemos aquí en la tierra. Gloria a Dios por esta promesa extraordinaria de pasar la eternidad con Él. Sí, somos dichosos.

PARA REFLEXIONAR

Esta primera sección del Sermón del Monte se conoce como las Bienaventuranzas. ¿Qué bendición en estas bienaventuranzas, o en los pasajes no incluidos antes, te resulta más atractiva? ¿Por qué? ¿Qué pasos darás para experimentar esa bendición?

Jesús envió a estos doce con las siguientes instrucciones: «No vayan a las regiones de los paganos ni entren en los pueblos de Samaria; vayan más bien a las ovejas perdidas del pueblo de Israel. Vayan y anuncien que el reino de los cielos se ha acercado. Sanen a los enfermos, resuciten a los muertos, limpien de su enfermedad a los leprosos y expulsen a los demonios. Ustedes recibieron gratis este poder; no cobren tampoco por emplearlo.

MATEO 10:5-8, DHH

15

NUESTRA MISIÓN EN LA VIDA

Vuelve a leer lo que Jesús les ordenó a sus discípulos cuando los envió a ministrar entre los judíos. Jesús no solo estaba hablándoles a sus discípulos del primer siglo, sino también nos estaba dando un ejemplo de cómo debemos vivir y servirle a Él.

Permíteme hacerte una pregunta. ¿Cuándo fue la última vez que le hablaste a alguien sobre la salvación o, más concretamente, sobre su relación con Jesucristo? Jesús nos llama a todos a ser testigos de Dios. Compartir tu fe requiere cierta audacia y un grado de valentía, pero lo maravilloso es que mientras más compartes tu fe, más cómodo te sientes al hacerlo la siguiente vez.

Cuando yo era más joven, pocas veces les hablaba a mis amigos sobre mi amor por Jesús, pero a medida que fui creciendo y mi caminar con el Señor fue más cercano, más quería contarles a las personas acerca de lo que Jesús significa para mí. Ahora, aprovecho cualquier oportunidad para compartir el amor de Jesús con cualquiera, usando mis palabras y también mis acciones. ¿Quién no necesita saber que Jesús nos ama y nos aceptará tal como somos?

Sí, con todas nuestras imperfecciones y a pesar de todos nuestros errores en la vida, Jesús te ama, y quiere ser tu Salvador y Señor, tu pastor y tu amigo.

PARA REFLEXIONAR

Antes de convertirte en seguidor de Jesús, ¿quién te habló sobre la salvación, Jesús y su amor? Que al reflexionar en esas personas y la importancia de esas conversaciones te sientas motivado a hablarles a otros de Él.

Puesto que Dios ya nos ha hecho justos gracias a la fe, tenemos paz con Dios por medio de nuestro Señor Jesucristo. Pues por Cristo hemos podido acercarnos a Dios por medio de la fe, para gozar de su favor, y estamos firmes, y nos gloriamos con la esperanza de tener parte en la gloria de Dios.

ROMANOS 5:1-2, DHH

16

PAZ CON MI PADRE

STEVE STURGES

Los que hemos recibido el perdón de los pecados y tenemos a Jesucristo como nuestro Salvador y Señor, por la fe somos bendecidos con la paz de Dios. La guerra ha terminado. Debido a la muerte sacrificial y la gloriosa resurrección de Cristo, la enemistad entre nuestra alma pecadora y el Dios santo queda eliminada. Somos bendecidos por el milagro de esta paz con Dios ahora y eternamente. De hecho, podemos llamarle «Abba, papi» cuando nos acercamos a Él. En la siguiente historia conmovedora, Steve Sturges, un colega de In His Grip, el ministerio de golf, comparte una historia sobre su relación con su padre terrenal que enseña una importante lección sobre nuestra relación con nuestro Padre celestial.

En el otoño de 1983, yo era un alumno de segundo año en la Universidad de Oklahoma que estudiaba

el curso preparatorio para ingresar a Medicina. Como muchos estudiantes universitarios, estaba muy ocupado buscando todas las cosas importantes, como la cerveza más barata y el sentido de la vida. Traducción: realmente no sabía nada de nada. La verdad es que necesitaba a Dios.

Ese mismo semestre estaba tomando una clase llamada Filosofía de la Religión, la cual impartía el Dr. Tom Boyd. Durante una de sus enseñanzas, el Dr. Boyd canalizó a su ministro metodista interior: «¿Alguna vez han discutido con Dios?». Para mí, esa era una pregunta muy tonta. ¿Discutir con un Dios intocable? ¡Una verdadera tontería! El Dr. Boyd continuó rápidamente: «¿Tienen miedo de que Dios no pueda aceptarlo? Créanme: Él puede hacerlo». Me quedé intrigado, pero no me lo creí del todo.

En ese entonces, mi padre y yo éramos como dos trenes que van por vías distintas: raras veces nos comunicábamos. A él le gustaba beber, fumar y comer. Mucho. El ejercicio para él era subir un tramo de escaleras. Se ponía el estrés como si fuera una camisa de fuerza. Yo era un joven de veintiún años que no fumaba, comía saludable y defendía el ejercicio, e indudablemente quería evitar cometer los errores de mi padre. Sí, yo era la combinación perfecta de orgullo y rebeldía. Nuestras diferencias nos separaban más que la distancia que había entre la casa y la escuela. Entonces, el 9 de diciembre ocurrió. Mi

padre se acostó temprano, tuvo un ataque al corazón y nunca más despertó. Tenía cincuenta años.

Mamá, la roca de nuestra familia, fue la que llamó para informarnos lo que le había sucedido a papá. Al principio, no reconocí su voz. Era la primera vez que moría alguien cercano a mí.

Tan solo unas semanas antes, papá había volado hasta la universidad, ya que celebraban un fin de semana de puertas abiertas para los padres. Mi hermano John y yo habíamos disfrutado mucho pasando tiempo con él. Después de hablar por teléfono con mamá, me atormentaba un recuerdo de esa visita que se repetía una y otra vez interminablemente: al subirse al avión para regresar a casa, papá hizo una pausa en la rampa y se volvió para mirarnos una última vez. Tenía lágrimas en los ojos. Papá no lloraba. Nunca.

Esa fue la última vez que lo vi.

Enseguida hice la maleta y volé a casa, en Arizona. La pregunta del Dr. Boyd golpeaba mi cabeza como si fuera una bota en una secadora. Estaba furioso con Dios. Perder a mi papá cuando tenía asuntos pendientes con él debió ser culpa de Dios. Apenas estaba empezando a apreciarlo.

Al llegar a casa, pasé un tiempo intentando consolar a mamá y después salí a dar un paseo. Bajo las estrellas, y motivado por la pregunta del Dr. Boyd, me enfurecí

con Dios: «¡¿Cómo pudiste dejar que esto ocurriera *ahora*?!». El Todopoderoso y yo discutimos durante dos o tres kilómetros. Al menos, *yo* discutía. Dios tan solo escuchaba. No se ofendió por mi acusación. En cambio, hizo lo que ha hecho a lo largo de toda mi vida: tomó mi dolor y lo llevó por mí. Compartió mi aflicción. Esa noche me di cuenta de lo que verdaderamente Dios quería de mí: una relación. No me devolvió a mi papá. Dios hizo algo mejor: se mostró de una manera grandiosa y muy personal.

Dios lloró conmigo tal y como lo hizo en la tumba de Lázaro. Esa noche, acudí a Dios en busca de guerra... y encontré paz.

PARA REFLEXIONAR

¿Cuándo has discutido o te has enojado con Dios? ¿Cuál fue su respuesta? ¿Qué impacto tuvo en ti su respuesta? Si nunca le has dejado saber a Dios que estabas enojado con Él, ¿a qué se debe?

Además, cuando éramos niños, nuestros padres aquí en la tierra nos corregían, y los respetábamos. ¿Por qué no hemos de someternos, con mayor razón, a nuestro Padre celestial, para obtener la vida? Nuestros padres aquí en la tierra nos corregían durante esta corta vida, según lo que les parecía más conveniente; pero Dios nos corrige para nuestro verdadero provecho, para hacernos santos como él. Ciertamente, ningún castigo es agradable en el momento de recibirlo, sino que duele; pero si uno aprende la lección, el resultado es una vida de paz y rectitud.

HEBREOS 12:9-11, DHH

17

RECIBIR LA PAZ QUE SOBREPASA TODO ENTENDIMIENTO

BRUCE PULVER

Durante las reuniones del miércoles en la noche con unos veinte hombres que pertenecen al ministerio In His Grip, tuve el placer de conocer a Bruce Pulver. A continuación, él comparte su experiencia con su madre y su padre y el impacto que tuvo su fallecimiento.

¿Alguna vez te has encontrado en ese lugar solitario entre la ira y la tristeza? No es un lugar agradable, ¿verdad? Sin embargo, en esa tierra de nadie, Dios me bendijo con una paz incomprensible para mí.

Pasé veintidós años positivos y llenos de gratitud con mi mamá antes de que falleciera. El día que me dio a luz, Dios tomó el control y salvó la vida de ambos durante el gran trauma cardiaco que ella

experimentó. Mi madre vivió una vida plena llena de gozo. Tristemente, su corazón se detuvo dos meses antes de mi graduación universitaria. Dorothy Marie Pulver había querido ver a su hijo menor recibir su diploma. Eso no sucedió.

Después pensé que seguramente Dios intervendría en la batalla de papá con la demencia, tal como lo hizo cuando le devolvió la salud a mamá. Solo teníamos que orar, y Dios también sanaría a papá, ¿cierto? Tristemente, esto tampoco sucedió.

Papá peleó esa batalla por diez años. Entonces, seis meses antes del nacimiento de mi primer hijo, la abrumadora sabiduría de mi papá, su ingenioso sentido del humor y su pasión inquebrantable por ayudar a otros desaparecieron. La enfermedad se lo llevó. Mi corazón volvió a gritar. Ahora, nuestro primer hijo viviría en este mundo sin la influencia de mi papá, el mejor maestro que conocí jamás, ni la de mi mamá, la gran luchadora que era una fuente imparable de optimismo y gratitud.

Luché con Dios. Quería entender algo que para mí no tenía sentido. *¿Cómo es posible que los padres que me dieron herramientas y destrezas para la vida no estuvieran*

ahí para poder compartir tiempo con su nieto y enseñarle?
¿Por qué no iba Dios a querer eso?

Después del funeral de papá en el cementerio, el ministro se acercó a mí. Conocía a papá, pero nunca había llegado a conocerme a mí. Yo me había mudado al terminar la universidad para embarcarme en mi propia vida y mi carrera profesional. Papá siempre dijo que su labor como padre era preparar a sus hijos para que volaran del nido. Por lo tanto, no había modo de que el pastor pudiera entender la profundidad de mi pérdida o mi dolor paralizante debido al vacío que sentía. Mi hijo no experimentaría el gozo y el amor de la enseñanza de mis padres, nunca llegaría a ver sus muchas maneras de dar y cuidar, nunca oiría sus palabras de agradecimiento por la vida y su aprecio por las muchas bendiciones de Dios.

El ministro y yo intercambiamos unos cautos cumplidos, pero en mis oídos resonaba el inolvidable llanto de algunos familiares y amigos que tenían el corazón roto. Las imágenes de la tumba, el féretro cercano y el inminente entierro me consumían. *¿Por qué?*

Con la voz llena de aflicción, le di al ministro algunas ideas para el servicio conmemorativo que realizaría al día siguiente. Hablando con la sabiduría obtenida durante sus años de pastorado, él dijo: «Bruce, mañana deberías levantarte y hablar acerca de tu padre». *¡PUM!*

Cuando la conmoción inicial pasó, un sentimiento de paz comenzó a vibrar en mi interior. Al aceptar la tarea de honrar a mi padre, sentí al Espíritu Santo moviéndose a través de mí.

Sin tener ni idea de cómo escribir ese panegírico, abrí el cofre del tesoro de lecciones que mi padre me había enseñado. Las palabras fluyeron libremente, y usé la pluma y el papel para captarlas todas. Mientras escribía, mi enfoque cambió de la mentalidad de un estudiante a la de un maestro. Desarrollé una especie de plan de lección para comunicar lo que mis padres me enseñaron mediante su manera de vivir. Lo que me había parecido un final se convirtió en un nuevo comienzo.

Las diez horas que pasaron entre mi charla con el ministro y el momento de asistir al servicio conmemorativo donde hablaría transcurrieron en cámara lenta. Tuve tiempo para pensar, escribir, dejar atrás mi enojo y emplear la poderosa tristeza con el fin de obtener fuerzas. Después de terminar el borrador, me di cuenta de que era el momento de convertirme en maestro. Comprendí que mi padre terrenal y mi Padre celestial me habían preparado para dar un paso al frente, pedir la ayuda de Dios y enseñarles a otros lo que mis padres y mi Dios me habían enseñado.

Tras el dolor de la gran pérdida llegó una paz incomprensible para mí.

PARA REFLEXIONAR

A menudo, experimentamos la paz de Dios que sobrepasa
todo entendimiento cuando estamos preocupados,
temerosos o ansiosos. Él también nos da su paz en tiempos
de pérdida y dolor. ¿Has experimentado alguna vez el
regalo de la asombrosa paz de Dios cuando estabas
lidiando con el dolor? De ser así, ¿en qué momento
ocurrió? Comenta sobre el tiempo en que recibiste
ese regalo. Describe el impacto que tuvo sobre ti.

«Vengan a mí todos ustedes que están cansados de sus trabajos y cargas, y yo los haré descansar. Acepten el yugo que les pongo, y aprendan de mí, que soy paciente y de corazón humilde; así encontrarán descanso. Porque el yugo que les pongo y la carga que les doy a llevar son ligeros».

MATEO 11:28-30, DHH

MI META SUPREMA, SU REGALO SUPREMO

ANNE GRAHAM LOTZ

Conozco a Anne Graham Lotz desde hace más de veinte años. La he visto crecer como autora y oradora, y he tenido el privilegio de publicar varios de sus libros. Anne camina verdaderamente con Dios y es fiel a su llamado a escribir con osadía y hablar sobre lo que Cristo significa para ella.

Mi meta en la vida es conocer a Dios mejor hoy que ayer, conocerlo mejor mañana que hoy. Quiero que mi vida le dé la gloria a Dios. Quiero conocerlo y darlo a conocer, para que cuando las personas me vean, quieran seguir a Jesús por lo que ven de Él en mi vida. Es posible alcanzar esta meta si estoy enferma o con buena salud, si soy rica o pobre, amada o rechazada, joven o anciana. También puedo lograrla mientras me someto a una cirugía por cáncer; mientras me siento en un hospital

esperando la sesión de quimioterapia; mientras me tumbo en una cama para la radiación. Puedo darle gloria a Dios hablando en el funeral de mi padre, o arrodillada junto a la tumba de mi esposo, o predicando desde una plataforma, o preparando una comida para mi familia.

En el Antiguo Testamento, Moisés le dijo a Dios que quería ver su gloria (Éxodo 33:18). Así que Dios le dijo a Moisés que se pusiera sobre la hendidura de una peña. Cuando Moisés estaba en posición, Dios puso su mano sobre este siervo fiel para que pudiera sentir la presencia del Señor. Entonces, Dios pasó por su lado, apartó su mano y le dijo a Moisés que podía ver solo la espalda de su gloria: «Mi rostro no se verá» (v. 23).

Al igual que Moisés, cuando tú y yo anhelamos ver a Dios y reflejar su gloria, tal vez Él nos ponga también en la hendidura de una peña... en un lugar difícil como una enfermedad, un divorcio, una muerte u otro desastre. Puede que al principio sintamos su presencia, pero después es posible que Él aparte su mano y permita que nos sintamos abandonados... profundamente solos. En ese momento, quizás no sentimos la presencia de Dios en absoluto, pero cuando recordamos a esa experiencia, vemos la gloria del carácter de Dios; somos capaces de reconocer su fidelidad, misericordia, verdad, bondad y amor. En retrospectiva, nos damos cuenta de que Dios estuvo con nosotros todo el tiempo.

Por lo tanto, ten ánimo. Un día estaremos en el cielo, donde ya no habrá más lugares difíciles de muerte, enfermedad o desastre; no más lágrimas, tristeza, enfermedad o dolor. Las cosas viejas serán eliminadas, y todo será totalmente nuevo. Lo mejor de todo es que nuestro deseo de conocer a Dios será cumplido. ¡No solo veremos la espalda de la gloria de Dios; veremos su rostro! (Apocalipsis 21:3-4; 22:4).

Y eso será el cielo... ¡el regalo supremo de la paz de Dios!

PARA REFLEXIONAR

Piensa en alguna ocasión en la que miraste hacia atrás a un lugar difícil y te diste cuenta de que Dios estuvo todo el tiempo contigo. ¿Qué pudo impedir que te percataras de ello en ese momento? ¿Por qué esta mirada en retrospectiva es importante para ti?

Escucha el consejo y acepta la corrección,
Para que seas sabio el resto de tus días.
Muchos son los planes en el corazón del
        hombre,
Mas el consejo del Señor permanecerá.

PROVERBIOS 19:20-21

ESCUCHAR A DIOS

DR. JAMES LAW

He tenido el privilegio de conocer a Jim Law y trabajar con él durante trece años. Gracias a la fidelidad y la diligencia de Jim, en Thomas Nelson hemos podido publicar devocionales con cincuenta y dos pastores cada año. Jim es un hombre de Dios que escucha al Señor, especialmente cuando se enfrenta a grandes decisiones y pide la dirección divina.

Nunca olvidaré la ocasión en que tuve que tomar una decisión transcendental que afectaría de manera importante tanto a mi familia como a mí mismo. Fue un tiempo de mucho estrés e incluso algo de temor para todos nosotros.

Había servido en la iglesia Westside Baptist en Jacksonville, Florida, por más de diez años. Nos encantaba plenamente ese ministerio y nuestra congregación. La iglesia estaba creciendo y prosperando, y las vidas de las personas estaban cambiando. Dios se movía de forma notable.

Tanto mi esposa como yo teníamos familiares que pertenecían a la iglesia. Jacksonville era nuestra ciudad natal, y todos nuestros familiares eran locales. Disfrutábamos de una situación perfecta. Pensábamos que pasaríamos allí todos nuestros años ministeriales, y estábamos felices y contentos con eso.

Sin embargo, la Primera Iglesia Bautista de Woodstock (Georgia) se acercó entonces a mí para hablarme de la posibilidad de unirme a su equipo como pastor ejecutivo. Inmediatamente dije: «Estoy muy contento donde estoy sirviendo. Gracias, pero no estoy interesado».

Después de que otros me animaran a orar por la posible situación, mi esposa y yo acordamos que lo haríamos. No esperaba que eso cambiara nuestro modo de pensar.

Tras varios meses de oración comenzamos a sentir la guía del Señor, pero nos resistíamos a la idea de dejar la iglesia que amábamos. Alguien me sugirió que hiciera lo que él hacía cuando se veía ante una decisión importante: trazar una línea por el centro de una hoja de papel en blanco y escribir los «pros» en un lado y los «contras» en el otro lado. Después, estudiarla cuidadosamente. Luego, tirar esa hoja de papel, orar delante de Dios y decir:

«Dios, deseo tu perfecta voluntad y quiero experimentar tu perfecta paz, así que te necesito y te pido que por favor me digas qué hacer».

Mi esposa y yo comenzamos a hacer esa simple y breve oración. Tras varias semanas, Dios comenzó a abrumarnos con su perfecta paz mientras nos dejaba claro que su voluntad era que ministráramos en Woodstock, Georgia. Supimos eso, y ambos llegamos a esa conclusión a través de la oración y el estudio de la Biblia. Incluso después de haberlo decidido, no nos resultó fácil. Nuestra decisión fue estrictamente un acto de obediencia. Esa resolución no era la que preferíamos, pero sabíamos lo que Dios nos había dicho.

Obedecimos a nuestro Señor. Como resultado, nos hemos sentido llenos de su paz que sobrepasa todo entendimiento. Tiemblo al pensar en los muchos años de bendición que nos habríamos perdido si no hubiéramos obedecido.

PARA REFLEXIONAR

¿Alguna vez obedecer a Dios ha significado hacer exactamente lo que *no* querías hacer? ¿Cuándo? Piensa en el trayecto hasta la decisión que tomaste. Observa el papel que la paz de Dios desempeñó en esa etapa.

*Y preocuparse por seguir las inclinaciones
de la naturaleza débil lleva a la muerte; pero
preocuparse por las cosas del Espíritu lleva a la
vida y a la paz. Los que se preocupan por seguir las
inclinaciones de la naturaleza débil son enemigos
de Dios, porque ni quieren ni pueden someterse a su
ley. Por eso, los que viven según las inclinaciones de
la naturaleza débil no pueden agradar a Dios.*

ROMANOS 8:6-8, DHH

20

UNA VIDA QUE AGRADA A DIOS

¿Alguna vez te has preguntado cómo las personas que no conocen a Dios o no siguen a Jesús pueden levantarse de la cama por la mañana? O tal vez no hace tanto tiempo que tú mismo no conocías a Dios y no eras seguidor de Jesús. La vida sin Dios es —según Pablo— una vida gobernada por la carne, y nuestra carne sigue las «inclinaciones» de la naturaleza carnal. Viviendo según las demandas de nuestra carne nunca podremos agradar o satisfacer a Dios; Él jamás encontrará esto aceptable.

¡Piensa en esa última frase! No hay nada que una persona no salva pueda hacer para agradar a Dios. Ninguna buena obra, ninguna observancia religiosa, ningún servicio sacrificial, absolutamente nada. Sin embargo, Dios les ofrece a las personas no salvas (y ahí estuvimos todos en algún momento) una salida de esa vida vacía, sin sentido y sin esperanza. En primer lugar, la persona no salva debe aceptar y reconocer su condición de pecador culpable, y después, en un acto concreto de fe, recibir a Cristo. Solo entonces aquel que antes no era salvo puede ganarse la sonrisa de aprobación de Dios. Sin embargo, cuando

los individuos nacen de nuevo, ya no viven en la carne, sino en el Espíritu. Permíteme explicarlo.

Así como los peces viven en el agua y los seres humanos vivimos en el aire, los creyentes viven en el Espíritu. Sin embargo, el Espíritu vive en cada uno de ellos también. Cristo en realidad está en el creyente. De hecho, si el Espíritu de Cristo no habita en una persona, él o ella no pertenecen a Cristo.

No obstante, cuando reconocemos a Jesús como nuestro Salvador, su Espíritu viene a vivir dentro de nosotros. Como resultado de ese regalo, podemos descansar en la completa seguridad de que nuestra salvación está sellada por la eternidad. También podemos vivir una vida llena de la paz del Señor que sobrepasa todo entendimiento. ¡Qué regalo tan hermoso de nuestro maravilloso Dios!

PARA REFLEXIONAR

Así como los peces viven en el agua y los seres humanos vivimos en el aire, los creyentes viven en el Espíritu, y el Espíritu vive en cada uno de ellos. ¿Qué impacto tiene, o podría tener, esta verdad en tu vida cotidiana? Sé específico.

Así que procuremos lo que contribuye a la paz y a la edificación mutua. No destruyas la obra de Dios por causa de la comida. En realidad, todas las cosas son limpias, pero son malas para el hombre que escandaliza a otro al comer. Es mejor no comer carne, ni beber vino, ni hacer nada en que tu hermano tropiece.

ROMANOS 14:19-21

TROPIEZO

¿Alguna vez has considerado que lo que comes o bebes puede hacer que alguien tropiece, se cuestione si puede practicar bien su fe y se aleje del Señor?

Los súbditos en el reino de Dios no deben ser conocidos principalmente como amantes de la buena comida o expertos en vinos. En cambio, cada una de nuestras vidas debería caracterizarse por la justicia práctica, la paz interior, la armonía relacional y la presencia del Espíritu Santo. Esta es una vida santa que honra a Dios. (Como se expuso antes, lo que un hombre come o no come es menos importante para Dios que el impacto que esa acción tiene sobre las personas que rodean al que está comiendo).

Repito, una vida santa honra a Dios. Esos seguidores que —dependiendo del Espíritu Santo— intentan vivir con justicia, paz y gozo están honrando a Dios al obedecer sus enseñanzas y reflejar el ejemplo de Jesús. Por lo tanto, en lugar de discutir sobre asuntos intrascendentes, los que hemos declarado a Jesús como nuestro Salvador y Señor deberíamos hacer el máximo esfuerzo por mantener la armonía en nuestra comunidad cristiana. En lugar

de ser tropiezo para otros insistiendo en nuestros derechos y libertades, deberíamos esforzarnos por edificar a nuestros hermanos y hermanas en Cristo y ayudarlos a fortalecer su santa fe.

Dios está haciendo una obra en cada uno de sus hijos. Es mil veces mejor abstenernos de comer carne o beber vino que ofender a un hermano o hacerlo tropezar espiritualmente. Renunciar a nuestros derechos legítimos es un precio pequeño a pagar por el bienestar espiritual de un creyente nuevo o más débil. Es mejor ejercer esa libertad en privado cuando sabemos que nadie se ofenderá. Eso es simplemente lo correcto.

PARA REFLEXIONAR

¿Cuáles son algunos equivalentes en el siglo veintiuno de los problemas en la iglesia primitiva, como comer carne ofrecida a los ídolos o beber vino? ¿Qué conductas tuyas, si hay alguna, podrían hacer que otros creyentes tropezaran o se cuestionaran cómo vivir su fe de un modo que honre a Dios? Pídele a Dios que te ayude a cambiar esas cosas.

Por último, hermanos, piensen en todo lo verdadero, en todo lo que es digno de respeto, en todo lo recto, en todo lo puro, en todo lo agradable, en todo lo que tiene buena fama. Piensen en toda clase de virtudes, en todo lo que merece alabanza.

Sigan practicando lo que les enseñé y las instrucciones que les di, lo que me oyeron decir y lo que me vieron hacer: háganlo así y el Dios de paz estará con ustedes.

FILIPENSES 4:8-9, DHH

22

¿QUÉ HAY EN TU MENTE?

Nuestros pensamientos guían nuestras decisiones, moldean nuestras percepciones y determinan en quién nos convertiremos. Si dejamos que pensamientos como los mencionados anteriormente gobiernen nuestra vida, conoceremos la paz de Dios y el bienestar que Él provee. Para que eso suceda, necesitamos proteger nuestros pensamientos y meditar en lo que es bueno.

Por ejemplo, cuando pasamos tiempo con el Señor, permanecemos en su presencia y recordamos quién es Él. Al habernos enfocado en su infinito poder, bondad y amor, es posible que descubramos que no nos preocupan los problemas de la vida que nos parecían tan graves antes de entrar en la presencia de nuestro Padre celestial. Además, cuando acudimos a Dios en oración, el Señor nos recibe con su misericordia, su gracia y, a menudo, cierto contentamiento que solo Él puede brindar.

Sin duda, solo ganamos cuando dejamos que nuestra mente piense en lo que es puro, bueno y «tiene buena fama». Además, esta manera correcta de pensar nos ayuda a vivir una vida recta. Cuando nuestros pensamientos son puros, es más probable que nuestra vida

también sea pura. Finalmente, cuando enfocamos nuestros pensamientos en tales cosas, «el Dios de paz estará con [nosotros]». ¿Cuándo no querríamos nosotros esto?

PARA REFLEXIONAR

Haz un inventario de lo que lees, los pódcast y programas de radio que escuchas, y los programas de televisión y las películas que ves. Califica cada uno en una escala del 1 (impuro; vulgar) al 10 (puro). Después evalúa cómo te va. También puedes idear algunas fuentes de pensamientos que sean honorables, rectas, bíblicas, buenas, calmadas, admirables, excelentes o dignas de alabar. Escoge una o dos para añadir a tus planes de lectura y las cosas que escucharás esta semana.

"Por eso les digo, no se preocupen por su vida, qué comerán o qué beberán; ni por su cuerpo, qué vestirán. ¿No es la vida más que el alimento y el cuerpo más que la ropa? Miren las aves del cielo, que no siembran, ni siegan, ni recogen en graneros, y sin embargo, el Padre celestial las alimenta. ¿No son ustedes de mucho más valor que ellas?"

MATEO 6:25-26

23

EL FIEL PROVEEDOR

JIMMY HOUSTON

Mi amigo Jimmy Houston es un pescador amante de la diversión que ama al Señor y vive para Él cada uno de sus días. Jimmy ha sido pescador profesional por más de veinticinco años y ha ganado innumerables torneos de pesca. Aquí, habla sobre enfrentar dificultades y confiar en el Señor.

Mi esposa Chris y yo hemos sido probados en lo que respecta a la economía varias veces en nuestra vida. ¡Me refiero a que hemos estado totalmente arruinados!

Chris y yo estudiamos en la universidad mientras trabajábamos entre sesenta y ochenta horas por semana. Sabíamos sobre el sacrificio, el trabajo duro y tener muy poco. Después de la universidad, comenzamos a trabajar entre ochenta y cien horas por semana, y cuando teníamos unos cuarenta y tantos años, Dios nos había bendecido con un negocio exitoso. Contábamos con

dinero en el banco y básicamente todo lo que poseíamos estaba pagado. ¿Qué podría salir mal? ¡Bueno, muchas cosas!

Hacienda Pública nos contactó y nos explicó que estaban cambiando la manera de calcular nuestros impuestos. No habíamos hecho nada mal, pero había que hacer un cambio debido al tamaño de nuestro negocio, y ese cambio sería retroactivo a tres años. Pues bien, desde el primer día de nuestro programa de televisión, habíamos aceptado productos en lugar de dinero en efectivo de algunos de los patrocinadores del programa. No pagábamos impuestos por esos productos hasta que los vendíamos. Ahora, con el cambio que nos imponía Hacienda, teníamos que pagar impuestos por toda la mercadería que teníamos, de principio a fin, la hubiéramos vendido o no. ¡Nuestra factura de Hacienda, incluyendo multas e intereses, era de más de 400.000 dólares!

Estábamos devastados. No teníamos tanto dinero. Yo no quería despertar por las mañanas. Le dije a Chris que íbamos a suspender el programa de televisión e iría a pescar en torneos nacionales. ¡No quería tener que pagar ni un centavo más en impuestos!

Entonces mi Dios, a quien sirvo, entró en escena.

Desde los veintitantos años de edad había leído la Biblia completa una vez al año. Cuando llegó nuestra factura de Hacienda, parecía que de repente la lectura de cada día tenía que ver con el problema que enfrentaba con ellos. De hecho, me di cuenta de que podía tomar una Biblia, abrirla por cualquier página y descubrir que Dios me estaba hablando sobre mi problema financiero.

Siempre que sintonizaba la radio, de algún modo me detenía en una emisora en la que un predicador hablaba directamente sobre mi problema. ¿Estaba Dios obrando? Bueno, sin duda había captado mi atención y me había hecho pensar…

Mi amigo Jim Dawson, presidente de Brunswick Corporation, me llamó para preguntarme si podía hablar en un desayuno para hombres de negocios. Decliné la invitación y le dije que estaba pasando por algo tan difícil que no podría ser positivo para ese grupo con respecto a Dios; me sentía muy deprimido. Como él es un gran hombre de Dios además de ser un vendedor extraordinario, Jim me convenció. Ese día, Dios usó las palabras que pronuncié para ayudar a otros, para ayudarme a resolver mi problema, mi decepción y mi depresión. Dios me estaba diciendo que todo iba a salir bien.

Esa paz que sobrepasa todo entendimiento me inundó mientras hablaba. No recuerdo con exactitud lo que dije, pero estaba totalmente convencido sobre el paso

que debía dar. Chris y yo liquidamos todos los CD, cerramos todas las cuentas bancarias y vendimos todas las acciones. Como resultado, teníamos casi exactamente los 400.000 dólares... y *no* habíamos perdido nuestra casa, nuestro negocio, ni ninguna pertenencia personal. Solo habíamos perdido todo nuestro dinero, pero Dios me dio paz. A su tiempo, Él nos devolvió —como lo hizo con Job— mucho más de lo que perdimos.

PARA REFLEXIONAR

¿Cuándo ha sido una bendición para ti servir a otros mientras estabas pasando por tiempos difíciles?
Dale la gloria a Dios hablando de alguna ocasión en la que Él te proveyó de un modo sorprendente.

*Para terminar, hermanos, deseo que vivan
felices y que busquen la perfección en su vida.
Anímense y vivan en armonía y paz; y el Dios de
amor y de paz estará con ustedes.*

2 CORINTIOS 13:11, DHH

UNA BENDITA PROMESA

En la segunda carta de Pablo a los corintios, les dio instrucciones a los creyentes acerca de cómo vivir en paz unos con otros. Él hizo hincapié en que deberíamos vivir en acuerdo mutuo, animándonos unos a otros y teniendo un mismo sentir. Si hacemos esto, viviremos en paz y «el Dios de amor [...] estará con [nosotros]».

Evidentemente, la forma en que nos tratamos los unos a los otros es importante. Solo podemos reflejar al mundo la bondad y el amor de nuestro Dios si somos amables y considerados con nuestras hermanas y hermanos cristianos. Cuando decidimos obedecer los mandamientos de 2 Corintios 13:11 —cuando escogemos la unidad y el amor sacrificial hacia los demás—, Dios nos bendice con su paz que sobrepasa todo entendimiento. Nuestro Padre celestial también nos guiará y capacitará para vivir de un modo que le proporcione honor y gloria.

La obediencia al llamado a «buscar la perfección», recibir el consuelo de Dios, vivir en armonía y disfrutar del bienestar espiritual que viene al caminar en intimidad con Dios aseguran una calidad de vida para los

creyentes y para los no creyentes que los rodean. Además, la decisión de vivir como Dios quiere también significa la bendición de esta promesa cumplida: «El Dios de amor y de paz estará con ustedes». Amén y amén.

PARA REFLEXIONAR

Pablo llamó a los creyentes a «buscar la perfección», recibir el consuelo de Dios, vivir en armonía y disfrutar del bienestar espiritual que viene al caminar en intimidad con Dios. ¿En cuál de estas cuatro áreas quieres trabajar esta semana? ¿Qué pasos darás hacia esa meta?

Bendito sea el Dios y Padre de nuestro Señor Jesucristo, Padre de misericordias y Dios de toda consolación, el cual nos consuela en todas nuestras tribulaciones, para que también nosotros podamos consolar a los que están en cualquier aflicción, dándoles el consuelo con que nosotros mismos somos consolados por Dios.

2 CORINTIOS 1:3-4

PAZ CUANDO GOLPEA LA TRAGEDIA

BRIAN JORGENSON

He tenido el privilegio de conocer a Brian Jorgenson mediante el ministerio In His Grip. Todos los que conocemos a Brian nos quedamos asombrados al enterarnos de la trágica muerte de su esposa. A pesar de la dolorosa pérdida, la vida de Brian testifica acerca de la gracia y la provisión de Dios. Dios está siempre ahí para consolarnos, fortalecernos y llevarnos cuando no podemos dar un paso por nosotros mismos.

Mi definición de *paz* es saber que Dios te protege porque le entregaste tu vida cuando aceptaste a Jesús como tu Salvador.

Mi momento de paz más significativo llegó un domingo, el 26 de agosto de 2018, cuando aparecieron delante de la puerta de mi casa siete policías estatales. Eran las 7:30 de la tarde, y ellos llegaron para decirme que mi

maravillosa esposa y la mamá estrella de *rock* de mis dos hijos acababa de morir en un accidente de tráfico mientras iba de camino a Memphis, Tennessee, para trabajar.

Cuando a un camión que iba en dirección contraria se le reventó un neumático, cruzó la línea divisoria y se estrelló de frente contra el vehículo de mi esposa. Los oficiales dijeron que ella murió en el momento del impacto y no sufrió. Después de comunicármelo solo a mí, llamé a Connor y Riley para poder procesar la noticia juntos. Por alguna razón, los policías quisieron que los tres nos sentáramos en un lado de mi cama. Allí, ellos dieron la noticia a los niños mientras yo los abrazaba con fuerza contra mis dos costados.

Ni los oficiales ni mis hijos sabían que ese era exactamente el mismo lugar donde, solo siete meses antes, el 14 de enero de 2018, yo estaba de rodillas orando, clamando al Señor y pidiéndole ayuda. Justo en ese lugar, había decidido entregarle todo al Señor, porque dicho de forma sencilla, mi vida estaba fuera de control. Mi momento de despertar comenzó cuando mi hija Riley me escribió una carta y la dejó sobre mi almohada mientras yo estaba en la ducha esa noche. En esta carta, mi hija de quince años fue directa al explicar con exactitud lo que pensaba de mí como su papá y como esposo de su mamá. Mientras leía la carta, la culpa y la vergüenza que sentí me hicieron ponerme de rodillas. Tras levantarme y dar mis primeros pasos, fue como si me hubiera quitado de encima un peso

de mil kilos. Volví a nacer con el Espíritu Santo como mi guía y Jesús como mi Salvador. Y esa paz que experimenté el 26 de agosto fue la misma paz que sentí el 14 de enero cuando le entregué cada aspecto de mi vida a mi Señor y Salvador Jesucristo.

Por alguna razón, mis hijos se aferraron a mí muy fuerte mientras los oficiales hablaban. Incluso mientras estábamos sentados escuchando cada palabra que decían, yo sentía una paz que me indicaba que todo iba a salir bien. Sabía que el Espíritu Santo nos rodearía y nos guiaría para poder soportar esa tragedia. No dudé en creer que Dios es bueno y tenía su mano sobre nosotros en ese momento, y que haría lo mismo cada día.

Mientras escribo estas palabras, pronto hará tres años que Jesús llamó a nuestra hermosa Patricia a ir al cielo, pero no pasa ni un solo día sin que no esté agradecido con mi Señor y Salvador. Si Él no hubiera sido una parte tan importante de mi vida, no sé cómo habría lidiado con la mayor pérdida que he experimentado.

PARA REFLEXIONAR

Mirando hacia atrás en tu vida, ¿qué época de la misma no te imaginas experimentando sin el Señor? Habla sobre el papel que Él desempeñó en tu vida en ese tiempo, y dale gracias. También anota lo que aprendiste sobre su consuelo, el cual te capacita para consolar a otros con más eficacia.

Y el Señor dijo a Abram:

«Vete de tu tierra,
De entre tus parientes
Y de la casa de tu padre,
A la tierra que Yo te mostraré...».

Entonces Abram se fue tal como el Señor le
había dicho.

GÉNESIS 12:1, 4

26

¡VETE!

DR. DON WILTON

He tenido el privilegio de conocer al pastor Don Wilton por más de veinte años. Este nativo sudafricano es un verdadero hombre de Dios, y me encanta su acento y la elocuencia en su manera de hablar. Durante los últimos quince años de la vida del pastor Billy Graham, el Dr. Wilton tuvo el honor de servir como su pastor. Él pasaba cada sábado con Billy compartiendo juntos la vida.

Tras la muerte de Billy, le pedí al Dr. Wilton si querría escribir un libro y compartir sus experiencias sobre esos sábados. Él accedió y su libro, *Saturdays with Billy* [Sábados con Billy], ya está a la venta. El Dr. Wilton habla de su historia ministerial con su propio estilo tan elocuente.

L a inútil búsqueda se originó en lo profundo de mi corazón. Lo que yo quería parecía totalmente esquivo. *Dame paz*, gritaba... sin gritar.

Ahí estaba ella. Mi esposa era muy hermosa y perfecta en todos los sentidos. Incluso su cabello me sonreía al contemplarla con gratitud a mi Dios, y no sin un sentimiento interior de autocomplacencia. *¿Cómo era posible que yo no tuviera paz?*

El apartamento también era perfecto. La cama adecuada, la mesa adecuada y la silla adecuada, todo encajaba perfectamente en el lugar correcto. Ella tenía mucho talento.

El automóvil brillaba como una estrella del cielo, y la motocicleta esperaba lista para salir a la carretera. Pronto estos dos tortolitos se irían a las montañas del cabo oriental de Sudáfrica. Habíamos llenado nuestras mochilas con un surtido de chocolates, bizcochos y refrigerios pensados para complementar las magníficas vistas que ladraban como hienas cuando salía el sol y bostezaban como un hipopótamo soñoliento cuando el sol se ponía. Observé que incluso el mundo natural a nuestro alrededor estaba en paz.

Los títulos universitarios empezaron a acumularse, aceptamos becas para estudiar en el extranjero, y disfrutamos de los constantes sonidos del océano Índico.

Sin embargo, la inquietud que sentía siempre estaba presente. Escogí la inmersión del yo en la vida como el antídoto lógico para esa inexplicable condición. Me sumergí en los deportes, el entrenamiento, la enseñanza

y salir a correr. Iba a la iglesia con mucha frecuencia. Otras veces, no. Por supuesto, no era una de mis prioridades. Estaba bien con Jesús, claro. Mi salvación estaba asegurada; no tenía duda alguna. Totalmente seguro en Cristo, pero no en paz con Cristo.

Los elogios aumentaban, pero el anhelo permanecía. Las formas de satisfacer ese anhelo iban y venían. Servir en la iglesia podría ser la clave, pensé, así que serví como diácono. Predicaba la Palabra la mayoría de los domingos a una (pequeña) congregación maravillosa de personas buenas y agradecidas. No obstante, seguía sin tener paz.

Entonces sucedió. Un día, un predicador de Estados Unidos llegó de visita a un servicio de nuestra iglesia. Mi esposa y yo hicimos un arreglo con el único Dios y Padre de nuestro Señor y Salvador Jesucristo.

«Te estoy llamando», dijo Él.

«¿A mí?», pregunté yo.

«Sí, a ti».

«¿Para hacer qué?», pregunté yo.

«Para levantarte, vender todo lo que tienes, e ir a una tierra que yo te mostraré».

Yo dije: «Sí, Señor».

Y ella dijo: «Sí, Señor».

«¿Pero cómo puede ser esto?», nos dijimos el uno al otro, y a Dios. «Tenemos muy poco dinero. No sabemos

adónde ir o quién nos recibirá si vamos a donde tú quieres que vayamos».

Algo extraño ocurrió. Percibí una paz interior que me había esquivado toda mi vida. Sin embargo, esas circunstancias hacían que aquello no tuviera sentido en absoluto. ¡Indudablemente no eran la fuente de la paz!

Dimitimos de nuestros puestos y renunciamos a nuestros salarios. Después, mi esposa dijo: «Si vendemos todo, quizá tengamos dinero suficiente para comprar dos boletos de avión a la ciudad de Nueva York». ¡Esposa loca! Pero de nuevo sentí paz.

Dos meses después, compramos dos boletos y llegamos a la ciudad de Nueva York, con dos maletas y apenas 1.500 dólares en el bolsillo.

La aventura había comenzado... y sentía una paz como nunca antes la había tenido.

PARA REFLEXIONAR

¿Cuándo te sorprendiste más al notar que estabas sintiendo una sensación de paz? ¿Qué te enseñó esa experiencia?

Simón Pedro, siervo y apóstol de Jesucristo, saluda a los que han llegado a tener una fe tan preciosa como la nuestra, porque nuestro Dios y Salvador Jesucristo es justo. Reciban abundancia de gracia y de paz mediante el conocimiento que tienen de Dios y de Jesús, nuestro Señor.

Dios, por su poder, nos ha concedido todo lo que necesitamos para la vida y la devoción, al hacernos conocer a aquel que nos llamó por su propia grandeza y sus obras maravillosas.

2 PEDRO 1:1-3, DHH

CONOCIMIENTO, PAZ, PODER Y TRANSFORMACIÓN

Pedro comenzó su segunda carta con una bendición noble en tono de oración para todos los que oyeran estas palabras: «Reciban abundancia de gracia y de paz mediante el conocimiento que tienen de Dios y de Jesús, nuestro Señor». Este conocimiento de Dios —este hecho de conocerlo a Él y no solo conocer *acerca* de Él— nos da poder para vivir día a día una vida santa que lo honre.

Pedro también quería que el pueblo de Dios conociera la paz que solo Él puede dar, una paz definida como esa sensación especial de bienestar. Y no deseaba que los creyentes tuvieran este conocimiento de Dios o su paz en pequeñas dosis. Al inicio de esta carta, Pedro dejó claro que quería que estas bendiciones fueran en «abundancia».

Esa abundancia de gracia y paz divinas se produce cuando Dios bendice nuestro conocimiento de Él. Para seguir creciendo en nuestro conocimiento de nuestro Dios infinito e infinitamente maravilloso, seríamos

sabios al habitar en el lugar secreto del Altísimo en vez de tan solo hacer visitas ocasionales. Los que viven en el santuario de la fe en lugar de vivir en los suburbios experimentan una gracia y una paz de Dios más plenas.

Después, en el versículo 3, Pedro reveló que los cristianos podemos llevar una vida espiritual vibrante y victoriosa en este mundo oscuro y perdido. Solo podemos hacerlo así porque, según Pedro, Dios, mediante su poder y su gracia, «nos ha concedido todo lo que necesitamos para la vida y la devoción».

Así como el poder de Dios nos salva en primer lugar, también su poder nos vigoriza para llevar una vida santa desde ese momento de la salvación en adelante. Mediante su plan y el poder del evangelio, Dios nos salva del castigo del pecado, que es la condenación eterna, la muerte eterna y la separación eterna de Dios. Al conocerlo a Él, seguir conociéndolo mejor y caminar en el poder de su Espíritu, podemos ver que Dios hace que seamos más como Jesús. En otras palabras, cuanto más conozcamos a Jesús, más semejantes seremos a Él.

PARA REFLEXIONAR

Es más fácil ver el progreso de otra persona en lo que respecta a ser más semejante a Jesús. (La palabra sofisticada para ese proceso es *santificación*). Es más difícil ver el nuestro. ¿A qué crees que se debe esto? ¿A quién podrías preguntarle que pudiera darte una idea de cómo estás creciendo en tu conocimiento de Dios y/o cómo estás siendo cada vez más semejante a Jesús? Tómate un café con esa persona.

Ahora entiendo que de veras Dios no hace diferencia entre una persona y otra, sino que en cualquier nación acepta a los que lo reverencian y hacen lo bueno [...] Todos los profetas habían hablado ya de Jesús, y habían dicho que quienes creen en él reciben por medio de él el perdón de los pecados.

HECHOS 10:34-35, 43, DHH

28

PAZ CON DIOS PARA JUDÍOS
Y GENTILES POR IGUAL

Empoderado por el Espíritu Santo, Pedro comenzó este sermón dirigido al centurión romano Cornelio y toda su familia afirmando claramente que Dios compartió primero con los judíos el mensaje del evangelio del perdón de los pecados, la paz con Dios y la promesa de la vida eterna. Al decir que «Dios no hace diferencia entre una persona y otra», Pedro les daba la bienvenida a los gentiles a escuchar el evangelio como buenas noticias también para ellos.

La audiencia de Pedro en Cesarea debía haber oído sobre Jesús de Nazaret: sobre su vida de servicio, sanidad y enseñanza; sobre su crucifixión; y tal vez incluso algunos rumores acerca de su resurrección. Después llegaron las mejores noticias de todas para su primera audiencia: Pedro enseñó que todo el que crea en el nombre del Mesías recibirá remisión de pecados. Dios les extiende su generosa oferta de perdón, una relación con Él y vida eterna no solo a Israel, sino también a los gentiles y a todo el mundo.

Si quieres recibir el perdón de tus pecados, tan solo confiésalos. Después cree que Dios oye y perdona (1 Juan 1:9), dale gracias por su perdón hecho posible gracias a la muerte de Jesús en la cruz (Juan 3:16), y pídele con fe a Jesús que sea el Señor de tu vida. Encuentra una Biblia y una iglesia que predique la Palabra para que puedas adorar, amar y ser amado, y crecer en tu relación con Jesús.

PARA REFLEXIONAR

En Mateo 18:3-4, Jesús les dijo a sus seguidores: «Si no se convierten y se hacen como niños, no entrarán en el reino de los cielos». ¿Por qué nos pide Jesús que tengamos la fe de un niño? ¿Qué podemos hacer para cultivar una fe que sea como la de un niño en las buenas nuevas del evangelio?

Alabado sea el Dios y Padre de nuestro Señor Jesucristo, pues en Cristo nos ha bendecido en los cielos con toda clase de bendiciones espirituales. Dios nos escogió en Cristo desde antes de la creación del mundo, para que fuéramos santos y sin defecto en su presencia. Por su amor, nos había destinado a ser adoptados como hijos suyos por medio de Jesucristo, hacia el cual nos ordenó, según la determinación bondadosa de su voluntad. Esto lo hizo para que alabemos siempre a Dios por su gloriosa bondad, con la cual nos bendijo mediante su amado Hijo.

EFESIOS 1:3-6, DHH

EL FAVOR DE DIOS, NUESTRA LIBERTAD

En el pasaje anterior de Efesios, Pablo usó algunas palabras y frases —como «nos escogió», «nos había destinado» y «nos ordenó»— que hacen que hablar sobre la predestinación y la elección resulte inevitable.

En primer lugar, la doctrina de la elección —de que Dios escoge a quién salva— permite que nuestro Dios soberano sea soberano, lo que significa que Él puede hacer lo que le plazca, pero nunca hará nada injusto.

En segundo lugar, si Dios dejara sola a la raza humana, se perderían todas y cada una de las personas. Sin embargo, ¿tiene derecho Dios a mostrarles misericordia solo a algunos?

Como añadidura a la complejidad de este misterio divino, la Biblia enseña que la elección soberana quiere decir también responsabilidad humana. Dios les ofrece la salvación a todas las personas en todo lugar (Juan 3:16; Romanos 10:9). Cualquiera puede ser salvo arrepintiéndose de los pecados y creyendo en la vida perfecta, la muerte sacrificial y la resurrección victoriosa del Señor

Jesucristo. Por lo tanto, si una persona se pierde, es porque esa persona escoge perderse, no porque Dios lo desee.

El hecho es que la misma Biblia enseña tanto la elección *como* la salvación para todos los que la reciben. Ambas doctrinas se encuentran en un solo versículo: «Todos los que el Padre me da, vienen a mí; y a los que vienen a mí, no los echaré fuera» (Juan 6:37, DHH). La primera mitad de este versículo habla de la elección soberana de Dios; la segunda mitad les extiende la oferta de misericordia a todos. Lo mejor para nosotros es creer en ambas doctrinas, porque la Biblia enseña ambas. La verdad no se encuentra en algún lugar intermedio entre la elección y el mero libre albedrío; la verdad se encuentra en ambos extremos a la vez. El beneplácito de la voluntad de Dios es la realidad soberana detrás de nuestra predestinación.

Incluso si no podemos entender del todo el misterio, y mucho menos explicarlo, podemos concentrarnos en la respuesta a «¿Por qué salvó Dios a alguien?». Simplemente porque le agradó rodearse de pecadores perdonados, conformados a la imagen de su Hijo, que pudieran pasar la eternidad con Él.

PARA REFLEXIONAR

¿Por qué es bueno que no podamos entender del todo a Dios o explicar por qué hace lo que hace?

A los santos y fieles hermanos en Cristo que están en Colosas: Gracia a ustedes y paz de parte de Dios nuestro Padre.

Damos gracias a Dios, el Padre de nuestro Señor Jesucristo, orando siempre por ustedes, pues hemos oído de su fe en Cristo Jesús y del amor que tienen por todos los santos.

COLOSENSES 1:2-4

LA VERDAD DEL EVANGELIO

Pablo dirigió esta carta a los colosenses, específicamente «a los santos y fieles hermanos en Cristo». En esa frase hay dos términos del Nuevo Testamento que hacen referencia a todos los cristianos. Primero, todos los creyentes son «santos», lo cual quiere decir que están separados del mundo para Dios y que, como resultado, deberían llevar vidas santas. «Fieles hermanos» establece que todos los creyentes son hijos adoptados de un Padre común, porque han puesto su fe en el Señor Jesús.

Pablo saludó a estos santos —estos hermanos y hermanas creyentes— con un entrañable saludo: «Gracia a ustedes y paz de parte de Dios nuestro Padre». Me imagino al apóstol arrodillándose en agradecimiento y oración, dando gracias por los fieles colosenses, el poder del evangelio y el indescriptible privilegio de tener una audiencia con el Soberano del universo. Pablo también dijo abiertamente que la fe salvadora es la fe en Cristo Jesús. El Señor Jesucristo siempre aparece en las Escrituras como el objeto de la fe. La fe en sí misma no es suficiente. La fe que salva y que nos permite tener paz con Dios es la fe en que el Señor Jesucristo, que no

tenía pecado alguno, fue crucificado como el Cordero sacrificial, como pago por nuestros pecados, y después resucitó de entre los muertos victorioso sobre el pecado y la muerte. Cuando aceptamos este mensaje del evangelio, establecemos una relación personal que produce vida con este buen Dios poderoso y fiel, y esta relación perdurará por toda la eternidad.

PARA REFLEXIONAR

Pasa un tiempo reflexionando sobre lo que significa que eres santo... y que eres hermano/hermana de Jesús. Considera qué impacto podrían, o quizá deberían, causar estas verdades en tu manera de vivir. ¿Qué evidencia podrían ver las personas en ti de que eres santo? ¿Y de que eres hermano/hermana de Jesús? ¿Qué pasos darás y qué cambios harás para vivir más como un santo y un hermano de tu Señor?

Espero que puedan comprender, como corresponde a todo el pueblo de Dios, cuán ancho, cuán largo, cuán alto y cuán profundo es su amor. Es mi deseo que experimenten el amor de Cristo, aun cuando es demasiado grande para comprenderlo todo. Entonces serán completos con toda la plenitud de la vida y el poder que proviene de Dios.

Y ahora, que toda la gloria sea para Dios, quien puede lograr mucho más de lo que pudiéramos pedir o incluso imaginar mediante su gran poder, que actúa en nosotros. ¡Gloria a él en la iglesia y en Cristo Jesús por todas las generaciones desde hoy y para siempre! Amén.

EFESIOS 3:18-21, NTV

MAYOR DE LO QUE PODAMOS PEDIR O IMAGINAR

BETH RYAN

He tenido el privilegio de trabajar con Beth Ryan durante los últimos veinte años. Ella es una genio creativa, y el Espíritu de Dios habita en su corazón y su mente. Espero que encuentres paz en su experiencia de tener a Dios como el que suple nuestras necesidades para sus propósitos.

Al ser mamá soltera cuando mis hijos eran pequeños, siempre intenté protegerlos y que estuvieran involucrados en la iglesia.

En ese período de mi vida nos mudamos a un dúplex, y enseguida me di cuenta de que esa zona no era el mejor entorno, en especial para niños pequeños. Una noche, me encontré lamentándome delante de Dios. Recuerdo que específicamente clamaba diciendo: «Dios, sé que amas a mis hijos incluso más que yo. ¡Por favor, ayúdame a salir

de este lugar!». Aunque lloré hasta quedarme dormida esa noche, estaba totalmente segura de que Dios escucha nuestras oraciones y las responde.

A la mañana siguiente, mi hermana me llamó. Ella me dijo que había hablado con un trabajador de la iglesia local acerca de mi desesperación por salir junto con mis hijos de donde estábamos viviendo. Como resultado de que le hablara de eso, yo estaba a punto de ver a Dios obrar «mucho más de lo que pudiéramos pedir o incluso imaginar» (NTV).

Sin que mi hermana lo supiera, la persona con la que había compartido mi historia tenía una propiedad para alquilar. Dios tocó su corazón y resulta que él me ofreció generosamente la casa por la misma cantidad que estaba pagando en esa zona menos deseable. De hecho, la casa en alquiler de este hombre se encontraba en un barrio más viejo donde yo siempre había querido vivir; sus árboles antiguos y sus residentes de muchos años le daban al lugar una sensación de estabilidad y paz.

Además, cruzando la calle frente a este inmueble vivía un abuelo muy amable que cuidó de mí y mis hijos por tres años. El abuelo Rex no solo cuidó de nosotros, sino que también tenía el mejor huerto de la zona y siempre me regalaba verduras frescas. Por añadidura, me vendió un automóvil por muy poco dinero cuando el mío se averió. A partir de esa maravillosa experiencia aprendí

a caminar plenamente en la verdad de Filipenses 4:6-7: «No se preocupen por nada; en cambio, oren por todo. Díganle a Dios lo que necesitan y denle gracias por todo lo que él ha hecho. Así experimentarán la paz de Dios, que supera todo lo que podemos entender. La paz de Dios cuidará su corazón y su mente mientras vivan en Cristo Jesús» (NTV).

No siempre era fácil siendo mamá soltera, pero el Señor siempre proveyó. Incluso cuando no podía ver o imaginar lo que Él estaba haciendo, me bendijo con el regalo de la paz, y ese regalo me ha mantenido anclada a Él durante los años, y por lo tanto libre de la preocupación y la ansiedad.

Cuando confiamos en el Señor y dependemos de Él, siempre responde nuestras oraciones y nos suple con lo que quiere que tengamos. Dios es siempre fiel.

PARA REFLEXIONAR

Describe alguna vez —o dos o tres— en la que
Dios respondió una de tus oraciones de una forma
mucho mejor de lo que habías pedido o imaginado.
Pasa un tiempo alabando a Dios por su bondad,
su fidelidad, su gracia y su amor.

El Señor dirige los pasos de los justos; se deleita en cada detalle de su vida.

SALMOS 37:23, NTV

LA PAZ DE DIOS EN MI GRAN DECISIÓN

BEAU FIELDS

Beau Fields es un amigo y compañero del golf a quien admiro por cómo juega al golf y por su caminar con el Señor. Conozco a Beau desde hace más de cinco años. Él anhela la guía del Espíritu Santo en su vida. Beau ama la Palabra de Dios, y eso se evidencia en la manera en que camina y habla. Él es una verdadera bendición para mí.

Era el domingo después del Día de Acción de Gracias. Llevaba en auto a mi esposa y a nuestros dos hijos a nuestra casa en Atlanta, después de haber pasado la festividad con la familia en Nashville.

Mientras conducía, pensaba en que siempre experimentaba un sentimiento de paz y tranquilidad cuando visitaba Nashville. Recordaba mi vida allí siendo niño. Había considerado las universidades que había allí y

después exploré la posibilidad de mudarme al lugar para comenzar mi carrera profesional. Cinco años atrás, mi esposa Susan y yo habíamos hablado brevemente sobre la posibilidad de mudarnos a Nashville desde Atlanta, antes de discernir que Dios nos estaba mostrando que nos encontrábamos justo donde Él quería que estuviéramos en esa etapa. Pensaba en que siempre me había sentido como en casa en Nashville, y ahora era como si me sintiera atraído a vivir allí. Y no tenía idea de por qué.

Así que le pregunté a Dios: «Padre, ¿qué hay en este lugar que hace que me sienta atraído a él?». Inmediatamente, escuché: «Paz. Es mi paz lo que te atrae a este lugar».

Tres días después, durante un almuerzo con mi mamá, ella dijo: «Creo que deberías mudarte con Susan y los niños a Nashville». Cuando le pregunté por qué, ella dijo: «Porque sería bueno para ellos». No dije nada sobre la idea, pero le pregunté a Dios si eso era algún tipo de indicador.

Después de tres semanas de preguntarle a Dios: «¿Qué quieres que oiga y entienda sobre esta idea de mudarme con mi familia?», le pregunté a Susan: «¿Estarías dispuesta a considerar la idea de mudarnos a Nashville?». Ella respondió sin duda alguna: «Claro que sí». Compartí con ella lo que el Padre me había mostrado tres semanas

antes, que era su paz lo que me atraía a Nashville. Ella comentó que también experimentaba más paz cuando íbamos allí de visita. Sabía que estaríamos en unidad como esposo y esposa si decidíamos aceptar la idea.

Durante los siguientes seis meses, Susan y yo buscamos la dirección de Dios y su consejo, preguntándole constantemente al Padre: «¿Qué tienes que decirnos sobre mudarnos a Nashville?». El hecho de que, si nos mudábamos, comenzaría mi empresa en un lugar nuevo donde no tenía conexiones ni relaciones laborales resultaba significativo. Esta no era una transferencia corporativa ni una oportunidad de negocio. Se trataba de ser guiados por Dios en su bendición de más paz para nuestra familia. Sabíamos que teníamos que estar seguros de que era verdaderamente el Señor quien nos guiaba en este asunto. Cuando comenzamos a pedirle al Padre que nos confirmara su provisión y su guía, Él comenzó a mostrarnos que ambas estaban aseguradas.

Luego, Susan y yo experimentamos un indicador excelente de la forma más inesperada. Mientras nos encontrábamos de visita en Nashville para el torneo de lacrosse de nuestros hijos, estábamos esperando en silencio en un semáforo cuando de repente nuestro hijo de once años dijo: «Papá, creo que deberíamos mudarnos aquí».

Yo le pregunté: «¿Por qué piensas eso?».

Él respondió: «Porque aquí estamos más seguros. Aquí no hay tanta delincuencia». Susan y yo nos miramos, totalmente sorprendidos, confiando en que eso era un indicador de parte de Dios.

La primavera siguiente, después de dieciocho meses de buscar con diligencia el consejo del Señor, mi esposa y yo creímos que habíamos esperado en el Señor para que nos mostrara más de su verdad y su voluntad.

Así que Susan y yo le pusimos un vellón al Señor. Le pedimos que nos confirmara su guía mediante la venta de nuestra casa: si la casa no se vendía por el precio total del mercado antes de finales de julio, esperaríamos hasta que terminara el siguiente año escolar para venderla.

Anticipando que la casa se pudiera vender, comenzamos a mirar escuelas y viviendas en la zona sur de Nashville. Luego de poner nuestra casa en venta, recibimos dos ofertas por el precio total del mercado esa misma semana. Nos mudamos a Nashville el día antes del comienzo del curso escolar, solo veintiún días después de anunciar la venta de nuestra casa.

Hace ya seis años que nos mudamos. La paz confirmó la guía y el consejo de Dios todo el tiempo que consideramos tomar la decisión de mudarnos. La paz nos llevó al lugar donde vivimos ahora. La paz ha aumentado en cada uno de nosotros y en nuestro hogar. Y todavía su paz nos atrae a Él.

PARA REFLEXIONAR

Piensa en algún momento de tu vida en el que no esperaste la guía de Dios y su consejo antes de tomar una gran decisión. ¿Cómo salió todo? Por el contrario, recuerda alguna ocasión en la que sí esperaste a escuchar a Dios. ¿Fue mejor el resultado final?

Pero el Señor estuvo conmigo y me fortaleció, a fin de que por mí se cumpliera cabalmente la proclamación del mensaje y que todos los gentiles oyeran. Y fui librado de la boca del león. El Señor me librará de toda obra mala y me traerá a salvo a Su reino celestial. A Él sea la gloria por los siglos de los siglos. Amén.

2 TIMOTEO 4:17-18

EL SEÑOR ES FIEL

CHUCK WALLINGTON

Conozco a Chuck Wallington desde hace más de veinte años. Él fue un líder en la gerencia de su librería cristiana, y siempre estaba dispuesto a escuchar buenas ideas de mercadotecnia. Sin embargo, sobre todo, es un hombre de Dios fiel que ha vivido una buena vida cristiana. Su historia tiene que ver con dificultades inoportunas, tristeza y triunfo. Al leer la historia de Chuck, encontrarás un ejemplo de lo que significa depender del Señor, y verás que Él nos calma fielmente cuando más lo necesitamos.

En agosto de 2008, tanto mi vida personal como mi vida empresarial sufrieron un vuelco repentino cuando mi banco nos llamó para decirnos que el negocio que poseía mi familia había sido blanco de un desfalco de casi un millón de dólares. Literalmente y de modo instantáneo pasamos de ser una de las tiendas más grandes y rentables de la industria de la venta minorista

cristiana a estar sumidos en una gran deuda, y no teníamos reserva alguna.

Nuestro Dios fiel envió a muchos amigos buenos y generosos que ayudaron a salvar nuestra empresa del derrumbe inmediato; sin embargo, tres años después, mientras nos preparábamos para entrar en el 2012, aún estaba estresado por el hecho de si finalmente nuestra empresa y nuestra familia sobrevivirían o no.

Cuando salía de nuestra tienda una tarde, ya casi de noche, noté a un hombre en nuestro departamento de libros y le pregunté si necesitaba ayuda. Él dijo: «No, pero tengo que hablar con usted un momento».

Sin saber bien lo que querría y por lo tanto un poco intranquilo, lo miré a los ojos, y todas mis preocupaciones y mi recelo desaparecieron. Su rostro reflejaba una paz y un consuelo que nunca antes había experimentado. El hombre continuó: «No sabía bien con quién tenía que hablar cuando entré aquí, pero cuando escuché su voz, el Señor me dijo que hablara con usted».

Ahora bien, tengo que explicar que me crie en una iglesia bautista del sur muy tradicional, pero a veces se me ha acusado de ser «bauticostal». Al margen de cuál sea tu trasfondo teológico, un término así seguro que capta tu atención. Él me dijo: «Dios me envió hoy a decirle que todo va a salir bien». De inmediato, una paz inundó todo mi ser, una paz de Dios que no había

experimentado desde que se produjo la crisis financiera en la empresa familiar varios años atrás.

Cuando salí de la tienda esa tarde, sentía como si me hubieran quitado un peso de encima. A través de este hermano en Cristo a quien no conocía, Dios me había hablado para infundirme paz en medio de mi agitación y temor.

Unos días después, una de nuestras cajeras vino a verme después del devocional de la mañana con el personal y me dijo que tenía algo que darme. Había asistido a una conferencia bíblica el fin de semana y había comprado un libro de uno de los oradores para regalármelo. Me dijo que, cuando se puso en la fila para que se lo firmara, el autor le preguntó cómo podía personalizarlo.

Ella dijo: «Por favor, ponga "Para Chuck". Es mi jefe».

El autor levantó la vista de inmediato y preguntó: «¿Él tiene que ver con publicaciones cristianas?».

Pensando que quizá el autor pudiera conocerme, nuestra cajera respondió que sí y que era dueño de una librería cristiana. Después de darle mi nombre completo, él le dijo que, aunque no me conocía y nunca había oído hablar de mí ni de mi librería, tenía una palabra del Señor para mí. Con eso, se puso en pie, dejando a otros esperando en la fila para recibir su firma, y le pidió que lo siguiera hasta detrás de una cortina.

Ella enseguida tomó una hoja de papel para escribir el mensaje para mí palabra por palabra. Aún tengo esa hojita de papel en mi Biblia, y de vez en cuando —en el momento en que más necesito un recordatorio— se cae cuando abro las Escrituras. Su mensaje ocupa varias líneas, pero comienza y termina con la frase: «Dios dice que todo va a salir bien», *exactamente las mismas palabras* que me había dicho el hombre que me visitó tan solo unos días antes en mi tienda.

Hasta el día de hoy aprecio el hecho de que, solo con días de diferencia, Dios usara a dos mensajeros distintos para darme esas palabras de afirmación y paz. Si me conocieras, entenderías por qué creo que Dios les dijo a algunos ángeles en el cielo después de ese primer mensajero: «Chuck es bastante lento. Probablemente tendré que enviar el mensaje de nuevo, y esta vez por escrito».

Tal vez oigas en tu espíritu a Dios hablar con la voz tranquila y calmada del Espíritu Santo. Es posible que lo escuches en las palabras que dice un desconocido o las palabras que escribe otro creyente. Sin importar la forma en que el Señor te recuerde su paz, sin duda alguna sabes tan bien como yo que no hay sustituto alguno para la paz de Dios cuando experimentas agitación en tu alma.

Una cosa más: las primeras palabras de Jesús a sus discípulos la noche de su resurrección, mientras se escondían en ese aposento alto cerrado, atemorizados

y confundidos, fueron: «La paz sea con ustedes» (Juan 20:26, NTV). Jesús aún nos proporciona su paz en nuestra vida, y estoy convencido de que lo oirás si escuchas.

PARA REFLEXIONAR

Describe la ocasión más dramática en la que sentiste que Dios le otorgaba su paz a tu vida. ¿Cuál fue la ocasión más sorprendente en la que Él te bendijo con su paz? ¿Cuándo, si te ha ocurrido alguna vez, te ha usado para brindarle paz a otra persona? Tal vez Él quiera que te detengas ahora y escuches sus palabras de paz para ti, o quizá desee que sepas quiénes necesitan oír tus palabras de paz para ellos.

Un día, Jesús entró en una barca con sus discípulos, y les dijo:

—Vamos al otro lado del lago.

Partieron, pues, y mientras cruzaban el lago, Jesús se durmió. En esto se desató una fuerte tormenta sobre el lago, y la barca empezó a llenarse de agua y corrían peligro de hundirse. Entonces fueron a despertar a Jesús, diciéndole:

—¡Maestro! ¡Maestro! ¡Nos estamos hundiendo!

Jesús se levantó y dio una orden al viento y a las olas, y todo se calmó y quedó tranquilo. Después dijo a los discípulos:

—¿Qué pasó con su fe?

Pero ellos, asustados y admirados, se preguntaban unos a otros:

—¿Quién será éste, que da órdenes al viento y al agua, y lo obedecen?

LUCAS 8:22-25, DHH

EN LAS TORMENTAS
DE LA VIDA

REGINA PRUDE

Regina Prude es la presentadora de un programa en Radio XM llamado *The Leadership Zone*
[La zona de liderazgo]. Ella me ha invitado varias veces para hablar en el programa. Además
de su hermosa presencia en la radio, Regina
siempre guía nuestra conversación hábilmente
cuando aparezco en su programa.

¿Qué sucede cuando las tormentas cambian toda
la trayectoria de la vida? Las tormentas pueden
estallar e interrumpir. Para muchas personas, eso está
ocurriendo ahora mismo. De manera increíble, Dios
habla triunfante tanto a nosotros que estamos *en* la tormenta como *a* la tormenta misma.

Cuando enfrenté la crisis de salud más desafiante de
toda mi vida, mi Padre celestial me habló en medio de la
conmoción. Como Pedro que caminó sobre las aguas y

de repente comenzó a hundirse, yo tuve que correr asustada hacia Jesús. Él apaciguó mi tormenta... calmó las amenazantes olas... y me asombró con su poder.

Esa tormenta fue mi diagnóstico en el año 2001 de un linfoma de Hodgkin en fase 4. Mi esposo y yo decidimos decírselo a nuestra congregación de inmediato. Después de todo éramos un equipo, y habíamos servido en esa preciosa iglesia por veintiocho años. Nuestros queridos miembros tenían que saber lo que estaban enfrentando el pastor Floyd y su esposa.

Al conocerse la noticia, muchos creyentes bondadosos nos expresaron palabras de profunda preocupación, incluso sus rostros a veces reflejaban dudas y temores escondidos. Demasiados parecían estar pensando: *¡Indudablemente estás en una situación que es demasiado difícil para Dios!*

Y yo también sentía lo mismo algunas veces. La vida puede apalearnos y marcarnos. Me sentía golpeada con fuerza por mi batalla física contra el cáncer, por la agitación emocional que drena las fuerzas, y por el miedo que encoge el estómago al considerar la realidad de lo que significa tener un diagnóstico de cáncer en fase 4.

Sin embargo, de las tormentas que enfrenté temprano, aprendí una estrategia que me llevó directo a la paz de Dios. Es simplemente esta: detente. ¡Alaba! Haz una pausa. Mantén la calma; conoce que Él es Dios.

También declaré sobre mi vida y mi salud estas tres poderosas afirmaciones acerca de Dios. Aún declaro estas afirmaciones sobre las vidas de las personas que amo y en medio de cualquier crisis que llame a mi puerta.

1. Dios, solo tú calmas mi mente. Tu poder transformador produce consuelo divino. Espíritu Santo, escucho tu voz.
2. Tu armadura, Señor, me envuelve. Tu mano de protección nos sostiene tanto a mí como a los que amo. Ningún mal puede llegar a mí sin tu permiso.
3. Señor, gracias a tu resurrección ninguna fuerza opositora puede derrotarme. No hay sombra alguna que pueda vencerme.

Declarar en voz alta estas frases de ánimo me ha ayudado a derribar cualquier duda y a lidiar con cualquier suceso que me amenace.

En la clínica oncológica, estuve sentada por horas mientras un coctel de quimioterapia, mezclado con un medicamento recién salido de los ensayos clínicos, entraba a mi cuerpo por vía intravenosa y recorría mis venas para batallar por mí. Durante estas sesiones de quimioterapia, los ángeles de Dios me proveyeron toda la paz prometida que necesitaba.

También reclamé el gozo inconmovible de la bendición de Judas: «Y ahora, que toda la gloria sea para Dios, quien es poderoso para evitar que caigan, y para llevarlos sin mancha y con gran alegría a su gloriosa presencia. Que toda la gloria sea para él, quien es el único Dios, nuestro Salvador por medio de Jesucristo nuestro Señor. ¡Toda la gloria, la majestad, el poder y la autoridad le pertenecen a él desde antes de todos los tiempos, en el presente y por toda la eternidad! Amén» (Judas 1:24-25, NTV). Ninguna de las promesas de Dios es nunca demasiado grande como para reclamarla.

Y la calidez del amor del Señor siempre nos rodea cuando recibimos su milagro de la paz.

PARA REFLEXIONAR

En una sola frase, describe la mayor tormenta que hayas experimentado en tu vida. ¿Cuáles de los pasos de Regina has dado? ¿Cuáles de sus pasos te hubieran resultado útiles? ¿Qué consejos te llevarás del relato de Regina para la próxima tormenta que se te presente?

Pero jamás acontezca que yo me gloríe, sino en la cruz de nuestro Señor Jesucristo, por el cual el mundo ha sido crucificado para mí y yo para el mundo. Porque ni la circuncisión es nada, ni la incircuncisión, sino una nueva creación. Y a los que anden conforme a esta regla, paz y misericordia sea sobre ellos y sobre el Israel de Dios.

GÁLATAS 6:14-16

PAZ DE LO ALTO

ROLAND COLSON

Roland Colson es mi hermano en Cristo. Lo conocí en la iglesia mientras yo animaba a cada miembro de la clase de la escuela dominical que enseñaba a servir en la iglesia. Roland fue obediente y ofreció su tiempo y talento para servir. Roland también sirvió escribiendo y publicando en Facebook un devocional diario llamado «La última palabra de la Palabra de Dios».

La paz mental es importante para la mayoría de las personas. Muchos de nosotros haríamos casi cualquier cosa para experimentarla. Algunos viajan a lugares exóticos aunque eso tenga un costo económico muy elevado. Otros introducen en su cuerpo drogas que alteran el cerebro o persiguen los intereses de la Nueva Era como la astrología, leer el futuro y la presencia de energía espiritual en objetos físicos como las montañas o los árboles. Sin embargo, tales prácticas no son el verdadero camino a la paz.

Hace unos años, estaba en la cima del mundo. Era el guardia de una prisión de máxima seguridad que albergaba a todos los presos sentenciados a muerte del estado. También alojaba a los delincuentes más endurecidos y peligrosos del estado.

Además de dirigir la prisión, sentía que también controlaba totalmente todo lo que ocurría en mi vida. La familia estaba bien. Tenía la bendición de contar con buenos amigos y vecinos. Entonces una noche, a las 2:00 de la mañana, mi esposa se levantó para ir al baño. Empezó a caminar hacia el pasillo y se desvaneció. Al caerse, se dio un fuerte golpe contra el piso y dejó de respirar.

Llamé a emergencias, me puse de rodillas y comencé a orar, y mi esposa comenzó a respirar. En cuestión de minutos llegó una ambulancia. Los médicos la pusieron en una camilla, me dijeron que no había lugar en la ambulancia para mí y se fueron al hospital. Yo los seguía detrás en mi propio automóvil.

Apenas habíamos salido de los límites de la prisión cuando la ambulancia se hizo a un lado, se detuvo y apagó las luces y la sirena. Yo pensé para mí: *Se ha ido... ha fallecido*. De nuevo, comencé a orar a Dios. Las luces se encendieron, la sirena volvió a sonar, y comenzamos a dirigirnos al hospital una vez más.

Los doctores llevaron a mi esposa a toda prisa a la sala de urgencias, y terminó en cuidados intensivos. Se

había producido la rotura de una úlcera y mi esposa ya había perdido más de dos litros de sangre. No debería haber sobrevivido.

La mayor parte de la vida está fuera de nuestro control. Nos quedamos atrapados en medio del tráfico durante horas y horas y nos perdemos un acontecimiento importante. Una mamá espera sentada en la habitación del hospital de su hijo orando para que tenga lugar un milagro que probablemente nunca ocurra. Cuando suceden cosas así, grandes o pequeñas, podemos frustrarnos y perder por completo nuestra paz.

Sin embargo, Cristo me dio paz ese día en el que mi esposa se desvaneció. No fue algo que yo pudiera negociar con Dios y recibir. No fue algo que pudiera merecer, y no tuve que rogar que me la diera. La paz de Dios fue un simple regalo que Él me ofreció, un regalo que yo podía haber rechazado. No obstante, ese fatídico día dije sí, y Dios me bendijo con una paz que solo Él podría darme.

«Les digo esto mientras todavía estoy con ustedes. El Espíritu Santo vendrá y los ayudará, porque el Padre lo enviará para tomar mi lugar. El Espíritu Santo les enseñará todas las cosas, y les recordará todo lo que les he enseñado.

»Les doy la paz, mi propia paz, que no es como la paz que se desea en este mundo. No se preocupen ni tengan miedo por lo que pronto va a pasar» (Juan 14:25-27, TLA).

PARA REFLEXIONAR

¿Cuándo, si te ha ocurrido alguna vez, te has encontrado con la muerte, pero has experimentado paz? Describe ese momento y luego señala por qué la paz es un gran regalo en el momento de la muerte de una persona.

Señor, tú conservas en paz a los de carácter
  firme,
porque confían en ti.
Confíen siempre en el Señor,
porque él es refugio eterno.

ISAÍAS 26:3-4, DHH

MI SEÑOR, MI ROCA

Entre las muchas bendiciones que Dios le da a su pueblo está su perfecta paz. Cuando caminamos con Dios y buscamos seguir los pasos de Jesús, siendo obedientes y escogiendo ceder a su voluntad, Él nos bendice, entre otras cosas, con su perfecta paz.

Caminamos más cerca de Dios cuando nos hemos comprometido con el Señor y lo hemos hecho el centro de nuestra vida. En otras palabras, debemos rendirle nuestra vida a Dios, dejar que Él guíe nuestras decisiones y honrarlo en todo lo que digamos y hagamos.

Además, el Señor nos diseñó para tener una relación con Él y disfrutar de una cercanía estrecha con Él. Sin embargo, Dios nunca nos obligará a hacerlo, sino que espera nuestra respuesta. No obstante, cuando llegamos a conocer a Dios de una forma íntima y a amarlo profundamente, experimentamos contentamiento, gozo y sí, paz. Vivir la vida cristiana es permitir que Jesús manifieste su vida en nosotros y a través de nosotros. Eso significa que todo lo que logramos lo hacemos a través de su Espíritu, y ese tipo de asociación tan maravillosa da como resultado la paz. Dios ha prometido guardarnos

en perfecta paz cuando ponemos nuestra confianza en Él. Cristo es nuestra paz. Su presencia con nosotros es la presencia de su paz en nuestro interior.

Hagamos un repaso rápido. ¿Cuál es la paz de la que habla este pasaje, aquella en la que se enfoca este libro? Creo que es la paz que Dios nos da en la forma de esa sensación de contentamiento y calma interior que tenemos al margen de cuáles sean las circunstancias de la vida. Esta paz está arraigada en nuestra confianza en nuestro fiel Padre celestial. Es la presencia del gozo en medio de cualquier cosa que enfrentemos en la vida. Una persona que camina cerca de Dios y descansa en la paz que Él da puede soportar una avalancha de dificultades y pruebas. Después de todo, el Espíritu de nuestro Dios santo, omnipotente, omnisciente e inmutable vive en nosotros.

PARA REFLEXIONAR

Menciona dos o tres experiencias que fortalecieron tu confianza en la fidelidad y el amor de tu Padre celestial. ¿En qué circunstancias actuales tienes que estar confiado en Él? ¿Cómo te imaginas que es?

Yo soy el SEÑOR, y no hay ningún otro;
Fuera de Mí no hay Dios.
Yo te fortaleceré, aunque no me has conocido,
Para que se sepa que desde el nacimiento del sol
     hasta donde se pone,
No hay ninguno fuera de Mí.
Yo soy el SEÑOR, y no hay otro.
Yo soy el que forma la luz y crea las tinieblas,
El que causa bienestar y crea calamidades,
Yo, el Señor, es el que hace todo esto.

ISAÍAS 45:5-7

REY SOBERANO, PADRE CELESTIAL, EMMANUEL

En el pasaje de hoy, el Dios Todopoderoso proclamó claramente a través del profeta Isaías la verdad de que Él es Señor, de que Él es *el* Señor, y no hay nadie como Él. Dios es todopoderoso, sabio y amoroso. Él actúa de acuerdo a su plan de salvación soberano y eterno, y según los buenos planes que tiene para ti (Jeremías 29:11). No debemos dudar nunca de su resolución o su fortaleza, su interés o su participación, su gracia o su bondad. Además, Dios tiene un control completo de todo lo que ocurre en este mundo.

Dios es nuestro Padre celestial, a quien le encanta darles buenos regalos a sus hijos. Uno de esos buenos regalos es su paz, la cual a menudo sentimos cuando no hay otra razón sino su amor por nosotros. Jesús también nos ha dado su Espíritu —entre otras cosas— para que viva en nosotros, nos guíe, nos dé sabiduría y nos ayude a entender las Escrituras.

¿Puedo sugerir que, antes de que tu jornada comience, le pidas a Dios que vaya delante de ti y te dé

sabiduría y valor durante el día para ser todo lo que Él te ha llamado a ser? Tu Señor, que siempre está presente, quiere que edifiques tu vida en torno a Él y que camines cada día a su lado. El nombre *Emmanuel,* «Dios con nosotros», es un hecho firme y a la vez otra razón por la que podemos tener paz.

PARA REFLEXIONAR

¿Qué papel desempeña el Espíritu Santo en tu vida? ¿Qué papel quiere Él desempeñar? ¿Qué harás para vivir con una mayor consciencia de que Dios está contigo?

*Miren cuán gran amor nos ha otorgado el
Padre: que seamos llamados hijos de Dios.*

1 JUAN 3:1

¡MIREN!

L e debemos nuestra salvación al amor y la gracia de Dios, punto. Al enviar a su Hijo a morir en la cruz como el Cordero sacrificial que sirvió de pago por nuestro pecado, Dios nos ha salvado del castigo eterno que nuestro pecado merecía, de la separación eterna de Él. Dios nos ha salvado no por nada que hayamos hecho. Él nos salvó por causa de su nombre, e indudablemente, no porque lo mereciéramos.

Sin embargo, este Dios amoroso y bueno puede a veces permitirte experimentar estrecheces y circunstancias difíciles. Pero recuerda, siempre que Él te guía, lo hace para estar contigo. Y cuando Dios está cerca de ti, sin duda conocerás la paz que quieres, la paz que necesitas. Dios también quiere estar contigo para que puedas saber lo que Él desea que hagas. Él nos lo dice gustosamente en su Palabra, pero también puede hablarnos al corazón. ¿Alguna vez te has detenido el tiempo suficiente para escuchar su voz y su guía? El Señor quiere lo mejor para ti, y por eso te pide que seas fiel y cuentes con Él. Dios te ama más que cualquier madre o padre haya amado jamás a un hijo o una hija. Todo lo que el

Dios Todopoderoso hace en tu vida —lo que permite en tu vida— lo hace porque te ama. Y «todo» incluye los tiempos difíciles de refinamiento y crecimiento.

¿Cuándo fue la última vez que le agradeciste a Dios por su amor, misericordia y gracia? Tómate un tiempo ahora. Alábalo por amarte con un amor eterno y profundamente personal.

PARA REFLEXIONAR

En caso de que lo hayas pasado por alto, voy a animarte de nuevo: dedica un tiempo en este momento a agradecerle a Dios por su amor, su misericordia y su gracia. Alábalo por amarte con un amor eterno y profundamente personal.

¡Qué hermosos son sobre los montes
Los pies del que trae buenas nuevas,
Del que anuncia la paz,
Del que trae las buenas nuevas de gozo,
Del que anuncia la salvación,
Y dice a Sión: «Tu Dios reina»!

ISAÍAS 52:7

ANUNCIAR LA PAZ

En este solo versículo encontramos varios aspectos de las buenas nuevas de Dios que podemos compartir en este mundo oscurecido y perdido. Si has recibido a Jesús como tu Salvador y Señor, piensa en las buenas noticias que puedes proclamar: paz con Dios; gozosas nuevas de gracia, perdón y eternidad con Dios; salvación de las consecuencias de nuestro pecado porque Jesús tomó sobre sí el castigo cuando fue clavado en la cruz; y la paz y la esperanza que encontramos en la verdad de la soberanía de Dios a lo largo de toda la historia y alrededor de todo este planeta. Ahora, pídele al Señor poder reconocer a las personas en tu mundo que necesitan oír tu proclamación de estas buenas noticias.

O tal vez consideras que eres alguien que necesita oír las buenas nuevas. Si es así, debes saber que el Señor, nuestro buen Pastor, te está llamando para que acudas a Él. Dios reconoce que estamos perdidos incluso cuando ni nosotros mismos lo reconocemos. Él anhela guiarnos y sacarnos del camino del mal para llevarnos a las cosas buenas que tiene para nosotros. Y piensa en el amor que impulsa su llamado: «Dios ha enviado a Su Hijo unigénito

al mundo para que vivamos por *medio de* Él» (1 Juan 4:9). Entonces, ¿has proclamado a Jesús como tu Señor? Si no es así, ¿qué te impide tener una relación personal con Él? Jesús está esperando con brazos abiertos a que acudas a Él. Quiere amarte con su amor eterno, caminar contigo cada día de tu vida y llenarte con su Espíritu.

Ya sea que hayas empezado una relación para siempre con Jesús hace cuarenta segundos, cuatro años, o en cualquier punto intermedio o más extenso, dale gracias al buen Señor por regalarte esa paz que sobrepasa todo entendimiento y por su promesa de no dejarte nunca ni abandonarte. ¿Qué podría ser mejor que eso?

PARA REFLEXIONAR

El apóstol Pedro escribió: «Estén siempre preparados a responder a todo el que les pida razón de la esperanza que ustedes tienen» (1 Pedro 3:15, DHH). ¿Estás preparado y eres capaz de explicar cuál es la fuente de tu esperanza? Haciéndome eco del versículo de Isaías, ¿estás listo para anunciar la paz y traer «buenas nuevas de gozo»? Practica ahora. Practica cada semana hasta que compartir el evangelio te resulte tan fácil como hablar sobre tus vacaciones favoritas.

«Por un breve momento te abandoné,
Pero con gran compasión te recogeré.
En un acceso de ira
Escondí Mi rostro de ti por un momento,
Pero con misericordia eterna tendré compasión
        de ti»,
Dice el SEÑOR tu Redentor [...]
«Porque los montes serán quitados y las colinas
        temblarán,
Pero Mi misericordia no se apartará de ti,
Y el pacto de Mi paz no será quebrantado»,
Dice el SEÑOR, que tiene compasión de ti.

ISAÍAS 54:7-8, 10

EL PACTO DE PAZ DE DIOS

Si alguna vez te has preguntado sobre el amor del Señor por ti, vuelve a leer sus promesas aquí. Observa específicamente los períodos de tiempo que Él mencionó: «eterna», «no se apartará de ti» y «no será quebrantado». Esas palabras aparecen en un claro contraste con el amor de un ser humano o de un golden retriever. Podemos perder con facilidad las clases de amor que el mundo nos ofrece... salvo cuando el amor ofrecido es un amor redimido. ¿A qué me refiero con eso?

Cuando ponemos nuestra fe en Jesús y prometemos vivir con Él como nuestro Señor, somos llenos del Espíritu Santo, quien nos capacita para hacer cosas que no podemos hacer por nosotros mismos. El Espíritu, por ejemplo, nos capacita para amar a los difíciles de amar, amar a las personas cuando están pasando por dificultades, amar cuando no recibimos nada a cambio y amar simplemente porque Dios nos manda a hacerlo.

Amar a otros con el amor de Jesús no significa que no resultaremos heridos a lo largo del camino. Sin embargo, podemos saber que el dolor que Dios nos permite experimentar en este mundo no es en vano. Dios usará los

tiempos difíciles para refinar, fortalecer y hacer crecer nuestra fe. Y en esos tiempos difíciles podemos acudir a las promesas de pacto que se hallan en su Palabra, a sus promesas de «gran compasión» y «misericordia eterna». Y esas promesas producen esperanza y paz.

PARA REFLEXIONAR

Piensa en los momentos difíciles de tu vida. Después, considera esas experiencias a través de la lente de Isaías 54:7-8, 10. ¿Cuál es el impacto de esta perspectiva, si es que tiene alguno? ¿Qué palabras de ánimo, por ejemplo, encuentras? Finalmente, ¿de qué formas específicas has visto que Dios *no* ha desperdiciado el dolor en tu vida?

Busquen al SEÑOR mientras puede ser hallado,
Llámenlo en tanto que está cerca [...]
«Porque Mis pensamientos no son los
     pensamientos de ustedes,
Ni sus caminos son Mis caminos», declara
     el SEÑOR.
«Porque como los cielos son más altos que la
     tierra,
Así Mis caminos son más altos que sus caminos,
Y Mis pensamientos más que sus
     pensamientos [...]
Así será Mi palabra que sale de Mi boca,
No volverá a Mí vacía
Sin haber realizado lo que deseo,
Y logrado el propósito para el cual la envié».

ISAÍAS 55:6, 8-9, 11

BUSCAR AL SEÑOR

Isaías 55 empieza con el llamado del Señor a acudir a Él, a conseguir agua para los sedientos y comida para los hambrientos, y todo ello «sin dinero y sin costo alguno» (v. 1). Nuestro Señor nos invita a acudir confiadamente a su presencia para recibir su consejo, confesar nuestros pecados, hacer peticiones y simplemente disfrutar de su compañía.

Después, en los versículos 8 y 9 encontramos una razón para seguir acudiendo a Él cuando estamos desalentados, agobiados por no entender lo que Dios pretende hacer en nuestras vidas. Es posible que esa falta de entendimiento ocurra frecuentemente o no. Siempre que estemos desconcertados y desanimados, nuestro Señor nos pide que confiemos en Él. Nos invita a escoger creer que Él sabe lo que está haciendo aunque no podamos comprender del todo sus métodos o su tiempo. El secreto para vivir una vida de fe que honra a Dios es confiar en Él con todo nuestro corazón (Proverbios 3:5).

En el versículo 11, encontramos otra razón más para confiar en el Señor. Aquí, Él promete: «Mi palabra [...] no volverá a Mí vacía sin haber realizado lo que deseo».

El contexto de esta enfática declaración es que Dios está comparando su Palabra con la lluvia que riega la tierra y, como resultado, produce flores y frutos (v. 10). ¡Qué paz podemos hallar en la frase de que su Palabra no quedará «sin haber realizado lo que deseo»! Después de todo, esta valiente afirmación es una declaración hecha por nuestro Dios, ¡un Dios que siempre es fiel al hacer sus promesas y que siempre las cumple!

La Palabra de Dios nunca falla a la hora de alcanzar su diana. Que podamos, por lo tanto, abrazarla, creerla y edificar nuestra vida en torno a ella.

PARA REFLEXIONAR

Considera por qué los seres humanos necesitamos que Dios mismo nos invite a buscarlo y a clamar a Él. ¿Qué te impide responder a ese llamado, y qué harás para eliminar esos obstáculos a fin de pasar tiempo con Él regularmente? En otras palabras, ¿qué harás —cómo reorganizarás tu rutina— para que la lectura y el estudio de las Escrituras sean una prioridad en tu vida?

¿Quién es sabio y entendido entre ustedes? Que muestre por su buena conducta sus obras en sabia mansedumbre [...] Pero la sabiduría de lo alto es primeramente pura, después pacífica, amable, condescendiente, llena de misericordia y de buenos frutos, sin vacilación, sin hipocresía. Y la semilla cuyo fruto es la justicia se siembra en paz por aquellos que hacen la paz.

SANTIAGO 3:13, 17-18

SABIDURÍA DE LO ALTO

Algunas veces, definir un término —*sabiduría divina*— resulta más fácil si explicamos lo que ese término no es, y Santiago nos ayudó a hacer exactamente eso. La sabiduría que el mundo ofrece está caracterizada por la envidia, el egoísmo, la confusión y la maldad. Esa sabiduría humana conduce a la arrogancia y la disensión. Tal vez la confianza en la sabiduría del mundo —y la decisión tan humana de actuar según nuestra propia inteligencia— explica al menos en parte la cantidad de caos, ira y odio que existe en el mundo hoy en día.

Por lo tanto, en contraste, ¿qué tipo de sabiduría viene de Dios? Santiago comenzó su descripción diciendo que «la sabiduría de lo alto es primeramente pura». Esta sabiduría espiritual se podría definir como «libre de polvo, suciedad o mancha; libre de dureza o aspereza; sin contener nada que no pertenezca propiamente». ¡Imagina ser guiado por una sabiduría así! La sabiduría de Dios puede tener una influencia extraordinaria sobre nuestros pensamientos, palabras y obras; sobre la doctrina y la práctica; en la fe y la moralidad. Leemos que —siempre pura— la sabiduría divina es también pacífica, amable,

respetuosa con los demás, abierta a la razón, dispuesta a ceder, misericordiosa, dadora de buenos frutos, compasiva, bondadosa y humilde. ¿Quién te viene a la mente cuando lees esta descripción? Estoy de acuerdo: el Señor Jesús.

Y la descripción continúa. Una persona sabia con la sabiduría del cielo es auténtica, es la misma persona con todos, alguien que dice la verdad, misericordioso, útil, genuino, pacificador y con un corazón de siervo. ¡Qué testigo tan encantador de la sabiduría celestial!

PARA REFLEXIONAR

Piensa en una persona sabia que conozcas que no sea Jesús, una persona que confíe y haya confiado en la sabiduría celestial como una brújula y un mapa para la vida. Idealmente, comparte una taza de café con esa persona y habla sobre la sabiduría de Dios; por ejemplo, acerca de cómo esa persona la cultiva, vive de acuerdo con ella y ha sido bendecida por ella.

«Pero el Consolador, el Espíritu Santo, a quien el Padre enviará en Mi nombre, Él les enseñará todas las cosas, y les recordará todo lo que les he dicho.

»La paz les dejo, Mi paz les doy; no se la doy a ustedes como el mundo la da. No se turbe su corazón ni tenga miedo. Oyeron que les dije: "Me voy, y vendré a ustedes". Si me amaran, se regocijarían, porque voy al Padre, ya que el Padre es mayor que Yo.

»Y se lo he dicho ahora, antes que suceda, para que cuando suceda, crean».

JUAN 14:26-29

RENDIRSE A LA PAZ

DIANE STRACK

Diane Strack es la esposa y compañera de Jay Strack, que es el presidente de la Universidad Student Leadership, y también es la fundadora de She Loves Out Loud, un movimiento global de oración por las mujeres. Mi esposa y yo hemos tenido la bendición de llamarlos amigos durante más de veinticinco años. La vida de Diane refleja muy bien la misericordia, la gracia y el amor de Dios. En los últimos años, ha sido sometida a varios procedimientos del corazón. Ella alaba a Dios por bendecirla, protegerla y darle paz durante una de esas cirugías en particular.

Me habían puesto más de doce endoprótesis, así que cuando los doctores sospecharon de otra obstrucción en mi corazón, yo no creía que esa operación fuera necesaria otra vez. Por lo tanto, pedí —o más bien exigí— quedarme despierta durante la operación. Quería

ver el daño por mí misma, una decisión que no volveré a tomar. Al mirar la pantalla gigante mientras el doctor tocaba y pinchaba mis arterias, escuché la fría realidad del diagnóstico. Las palabras me golpearon fuerte, ya que no confirmaron lo que había esperado, sino que me sumieron en las férreas garras del temor.

Mi primer pensamiento fue: *¡Ten cuidado ahí!* Mi segundo pensamiento fue: *¡Detente!* Sin embargo, el proceso era tan abrumador que no podía decir ni una palabra. Las lágrimas corrían por mis mejillas mientras las arterias se movían y se rebelaban contra el catéter. Ni siquiera puedo comenzar a describir el sentimiento de profunda desesperación que intentó engullirme. Al ver el daño tan de cerca, también supe que mi vida podría haber terminado tan solo unos minutos antes, pero Dios me había dado generosamente otra oportunidad de vivir.

En silencio, clamé: *Señor, acude a mí. Te necesito aquí, y te necesito ahora.* Ese clamor tan sentido y sincero, esa demanda desesperada, fue inaudible para todos salvo para el Padre. Intenté respirar mientras mi endoprótesis número quince era enlazada en mi cuerpo y bien colocada en su lugar. Sé que los doctores y las enfermeras no lo oyeron, pero en ese momento el Señor me habló con esa voz firme pero suave que a veces usan los padres: «Entrégate a mí. Yo haré el resto».

El versículo de Romanos 12:1 cobró vida en mí cuando, sometiéndome a su mandato, abrí las palmas de mis manos: «Presenten sus cuerpos *como* sacrificio vivo y santo, aceptable a Dios, *que es* el culto racional de ustedes». Supe en ese momento que presentarme total y completamente a Dios era su plan para mí desde siempre. Él de inmediato me liberó de las garras del temor, y el pavor que me mantenía cautiva se escurrió en la mesa fría y dura que tenía debajo de mí. Recuerdo sonreír a medida que un río cálido de paz inundaba todo mi ser.

Mientras los doctores trabajaban en mi corazón físico, el Señor estaba transformando mi corazón interior. Su paz me llenó y parecía rodearme. En total rendición a Él, finalmente me sentí fuerte; al confiar en Él, fui capaz de tener confianza en mi futuro. Tal vez entré por las puertas de ese temible laboratorio de cateterismo sin esperanza, pero salí de allí como una mujer transformada por la paz de Dios: su regalo para mí, un regalo por el que siempre estaré agradecida.

Presentarnos a Dios es una acción tanto para lo terrible como para lo común. Hacerlo nos conduce más allá de una vida en la que nos ajustamos meramente a los problemas y las circunstancias. En cambio, presentarnos a Dios nos lleva a una intimidad tan grande con el Salvador, que no se puede explicar, sino que se debe experimentar. En esos momentos de rendición,

«que el SEÑOR sonría sobre ti [...] y te dé su paz» (Números 6:25-26, NTV).

PARA REFLEXIONAR

Describe un momento en el que te presentaste al Señor «*como* sacrificio vivo y santo, aceptable a Dios, *que es* [tu] culto racional» (Romanos 12:1). ¿Qué impacto tuvo hacer eso en ti: en tu cuerpo, tu mente y tu alma? Si no te acuerdas de alguna ocasión así, ¿cuál es la importancia de comprender eso? Además, ¿por qué una rendición así habría de ser nuestro «culto racional»?

El Señor se dirigió a Moisés y le dijo:

«Diles a Aarón y a sus hijos que cuando
bendigan a los israelitas lo hagan de esta
manera:
»"Que el Señor te bendiga y te proteja;
que el Señor te mire con agrado
y te muestre su bondad;
que el Señor te mire con amor
y te conceda la paz."
»Así ellos pronunciarán mi nombre sobre los
israelitas, y yo los bendeciré».

NÚMEROS 6:22-27, DHH

LA BENDICIÓN
SACERDOTAL DE PAZ

En los últimos versículos de Números 6 y en nombre de Dios mismo, Moisés le dio a Aarón la maravillosa y familiar bendición con la que él y sus hijos debían bendecir al pueblo escogido del Señor. Y esta bendición es tan oportuna, relevante e inspiradora hoy en día como lo era milenios atrás. Cada persona puede declararla, cada día se puede santificar con ella, y cada noche se puede sellar con la misma.

Al incorporar esta bendición a tu vida, permite que estas palabras del Señor te acerquen más a Dios y enriquezcan tu relación con Él. Dios verdaderamente quiere bendecir a su pueblo con su gracia, su favor y su paz. Él quiere bendecirnos con la mayor bendición de todas, que es su presencia misma.

PARA REFLEXIONAR

¿Cuándo oíste por primera vez esta antigua bendición? ¿Qué papel, si es que ha tenido alguno, ha desempeñado en tu vida? ¿Qué papel podría desempeñar en tu vida a partir de este momento?

Pero ahora en Cristo Jesús, ustedes, que en otro tiempo estaban lejos, han sido acercados por la sangre de Cristo.

Porque Él mismo es nuestra paz, y de ambos pueblos hizo uno, derribando la pared intermedia de separación, poniendo fin a la enemistad en Su carne, la ley de los mandamientos expresados en ordenanzas, para crear en Él mismo de los dos un nuevo hombre, estableciendo así la paz, y para reconciliar con Dios a los dos en un cuerpo por medio de la cruz, habiendo dado muerte en ella a la enemistad. Y VINO Y ANUNCIÓ PAZ A USTEDES QUE ESTABAN LEJOS, Y PAZ A LOS QUE ESTABAN CERCA. Porque por medio de Cristo los unos y los otros tenemos nuestra entrada al Padre en un mismo Espíritu.

EFESIOS 2:13-18

PAZ CON DIOS, PAZ
CON LOS DEMÁS

C onsideremos el mensaje del evangelio en términos de la paz.

En primer lugar, el evangelio es la verdad simple y profunda de que «de tal manera amó Dios al mundo, que dio a Su Hijo unigénito, para que todo aquel que cree en Él, no se pierda, sino que tenga vida eterna» (Juan 3:16). Jesús tomó el castigo por nuestros pecados y murió en la cruz; obtuvo la victoria sobre el pecado y la muerte cuando resucitó de entre los muertos tres días después; y, por lo tanto, hizo posible que existiera una relación entre un Dios santo y una humanidad pecadora. Jesús hizo posible la paz entre el Creador y lo creado; entre el Justo y lo caído; entre la Perfección y la imperfección.

Sin embargo, estas buenas noticias —este mensaje del evangelio— no fue exclusivamente para el pueblo escogido de Dios: los judíos. Dios amó al mundo y envió a su Hijo, y Jesús murió por «todo aquel que cree en Él». Para el profundo asombro de los creyentes judíos del primer

siglo, Dios reveló que Jesús también murió por los gentiles, por todos aquellos que no eran judíos. La antigua enemistad entre judío y gentil fue abolida para siempre. Además de su explicación anterior, el apóstol Pablo dijo lo siguiente: «Pues por un mismo Espíritu todos fuimos bautizados en un solo cuerpo, ya judíos o griegos, ya esclavos o libres» (1 Corintios 12:13).

Una nota más sobre las palabras de Pablo. Él escribió que «[Jesús] mismo es nuestra paz». ¿Cómo puede una persona ser la paz? Algo que Jesús dijo nos aporta una pista: «Yo soy el camino, la verdad y la vida; nadie viene al Padre sino por Mí» (Juan 14:6).

Cuando una persona judía cree en el Señor Jesús, su identidad como seguidor de Cristo toma precedencia sobre su identidad como judío. Del mismo modo, cuando un gentil recibe a Jesús como Salvador, la identidad de esa persona como seguidor de Cristo toma precedencia sobre su identidad como gentil. En otras palabras, judíos y gentiles antes estaban divididos; eran dos grupos de personas separados. Sin embargo, ahora su compromiso común con Jesús une a los dos grupos en uno solo. Todo aquel que reconoce a Jesús como Señor y Salvador está en paz con Dios y en paz con otros que antes creían de otra forma.

PARA REFLEXIONAR

¿Cuándo, si te ha ocurrido alguna vez, un amor mutuo por Jesús ha sido un puente entre tú y alguien que antes se oponía a ti de muchas maneras? ¿Qué le dice una unidad así a un mundo que observa? A un nivel más personal, ¿qué identidad tuya, si hay alguna, toma precedencia sobre tu identidad como seguidor de Cristo? Pídele al Espíritu Santo que te revele la respuesta.

Entonces el SEÑOR le dijo [a Elías]: «Sal y ponte en el monte delante del SEÑOR». En ese momento el SEÑOR pasaba, y un grande y poderoso viento destrozaba los montes y quebraba las peñas delante del SEÑOR; pero el SEÑOR no estaba en el viento. Después del viento, un terremoto; pero el SEÑOR no estaba en el terremoto. Después del terremoto, un fuego; pero el SEÑOR no estaba en el fuego. Y después del fuego, el susurro de una brisa apacible.

1 REYES 19:11-12

ESCUCHAR A DIOS

¡Imagina que podamos escuchar la voz de Dios tan fácilmente como reconocemos un terremoto o un fuego! Por fortuna, podemos aprender a oír y reconocer su voz. Podemos desarrollar un oído que escucha cuando dedicamos tiempo a sentarnos en silencio y esperar a que Él nos hable.

Tal vez escuchar a Dios es una parte regular de tu tiempo de oración. Quizá, consciente de que no necesariamente reconoces su voz en cada ocasión, haces que esperar en la presencia de Dios a que Él te guíe, te anime o te dé convicción sea una disciplina espiritual. En ese caso, piensa en la última vez que supiste que la suave voz de Dios tenía para ti una palabra de sabiduría, dirección o esperanza.

Recibe aliento de Jeremías 29:12-13: «Ustedes me invocarán y vendrán a rogarme, y Yo los escucharé. Me buscarán y *me* encontrarán, cuando me busquen de todo corazón».

Y actúa con confianza en la verdad de que Dios quiere relacionarse contigo en el transcurso de cada día y compartir su sabiduría, su amor y su paz contigo.

Aprende a escuchar su voz. Pídele que te ayude a desarrollar un espíritu perceptivo y un corazón sensible, y prepárate para obedecerlo.

PARA REFLEXIONAR

¿Por qué crees que Dios escoge una voz suave en lugar del equivalente verbal a un terremoto o un fuego?

Sus discípulos le dijeron [a Jesús]: «Ahora hablas claramente y no usas lenguaje figurado. Ahora entendemos que Tú sabes todas las cosas, y no necesitas que nadie te pregunte; por esto creemos que Tú viniste de Dios».

JUAN 16:29-30

CONVERSACIÓN SINCERA

Jesús les preguntó a sus discípulos: «¿Ahora creen?». ¿Te está haciendo a ti la misma pregunta? ¿Se pregunta Jesús si finalmente ha hecho lo suficiente para que creas que Él es Dios y lo reconozcas como tu Salvador? Y si aún no estás convencido, ¿qué tendría que suceder para que así fuera?

Los discípulos de Jesús le agradecieron su cambio de un «lenguaje figurado» a hablar «claramente», sin usar alegorías. Tenemos que seguir el ejemplo de Jesús. Tenemos que ser capaces de explicar de forma clara y directa lo que creemos: cuando fue crucificado, Jesús pagó el precio por nuestros pecados para que pudiéramos tener una relación personal con Él ahora y por toda la eternidad. Además, después de la muerte y la resurrección de Jesús, nos dio su Espíritu para enseñarnos, guiarnos, consolarnos, convencernos e incluso orar por nosotros. ¿Estás dispuesto a confiar en el Espíritu y ser osado en cuanto a tu fe? Jesús nos llama a cada uno de nosotros, sus seguidores, a compartir su amor con nuestros amigos y también con cualquier persona que Él ponga en nuestro camino.

Dios nos llama a todos a ser sus testigos en este mundo perdido. ¿Quién sabe? Tal vez alguna persona a la que le hables de tu relación con Jesús pueda establecer una relación salvadora con Él debido a tu testimonio. ¡Así que deja brillar tu luz! Cuando lo haces, Dios te puede usar, y de hecho lo hará, para que otros vean a Cristo en ti.

PARA REFLEXIONAR

Piensa en los años de tu vida antes de que comenzaras a seguir a Jesús. Mirando hacia atrás, ¿a quién puso Él en tu camino para ayudarte a admitir tu necesidad del Señor o a reconocer que Jesús era Aquel que puede eliminar las consecuencias eternas de tu pecado? Si es posible, contacta a ese individuo o incluso a un par de personas para dejarles saber lo mucho que agradeces cómo Dios los usó en tu vida.

Al atardecer de aquel día, el primero de la semana, y estando cerradas las puertas del lugar donde los discípulos se encontraban por miedo a los judíos, Jesús vino y se puso en medio de ellos, y les dijo: «Paz a ustedes». Y diciendo esto, les mostró las manos y el costado. Entonces los discípulos se regocijaron al ver al Señor. Jesús les dijo otra vez: «Paz a ustedes; como el Padre me ha enviado, así también Yo los envío».

Después de decir esto, sopló sobre ellos y les dijo: «Reciban el Espíritu Santo. A quienes perdonen los pecados, estos les son perdonados; a quienes retengan los pecados, estos les son retenidos».

JUAN 20:19-23

NUESTRA COMISIÓN, EL PODER DEL ESPÍRITU

Cuando el Jesús resucitado les dijo a sus discípulos las palabras «Paz a ustedes», esas palabras tenían más importancia que nunca antes. Después de todo, Jesucristo había hecho la paz entre el Dios santo y el hombre pecador al derramar su sangre muriendo en la cruz y resucitando de la tumba al tercer día. Los que somos justificados por la fe tenemos paz con Dios.

Tras declararles paz a sus discípulos, Jesús les mostró las marcas de su pasión, mediante las cuales se había obtenido la paz con Dios. Ellos vieron dónde lo habían atravesado los clavos y la lanza le había herido. Cuando los discípulos reconocieron a Jesús, sus corazones se llenaron de gozo al darse cuenta de que Jesús en verdad era el Señor. Los hechos habían sucedido exactamente como Él dijo que sucederían, y había resucitado de la muerte.

¡No es de extrañar que el Señor resucitado sea la fuente de nuestro gozo cristiano! El Padre envió a su Hijo al mundo para salvar a los seres humanos pecadores

de una eternidad separados de Él, que es perfectamente santo. Que Dios enviara a Jesús hace posible que hombres y mujeres pecadores tengan una relación con Dios, y Jesús envía a sus seguidores al mundo para hablarles a otros sobre su invitación a la salvación y a tener una relación con Él.

Una última reflexión: si la Palabra de Dios no estuviera viva y activa por el poder del Espíritu, habría pasado al anonimato hace mucho tiempo. Sin embargo, todavía resuena con la verdad de que Dios está llevando a cabo su propósito, que es conducir a las personas a Cristo. Ese es nuestro llamado, y deberíamos aceptarlo con gozo y compartir el evangelio con el amor de Dios.

PARA REFLEXIONAR

Tal vez esto es un resumen muy trillado del mensaje de hoy, pero expresa la misma verdad: cuando Dios nos llama a hacer algo, nos capacita para llevar a cabo esa tarea exacta por medio del Espíritu Santo. ¿Cuándo has hecho algo que parecía abrumador, si no imposible, por medio del poder del Espíritu Santo? ¿Qué papel puede desempeñar el Espíritu Santo mientras respondes a la comisión de Dios de compartir la verdad del evangelio con el mundo?

«Y tú, niño, serás llamado profeta del Altísimo;
Porque irás DELANTE DEL SEÑOR PARA
    PREPARAR SUS CAMINOS;
Para dar a Su pueblo el conocimiento de la
    salvación
Por el perdón de sus pecados,
Por la entrañable misericordia de nuestro Dios,
Con que la Aurora nos visitará desde lo alto,
PARA DAR LUZ A LOS QUE HABITAN EN
    TINIEBLAS Y EN SOMBRA DE MUERTE,
Para guiar nuestros pies en el camino de paz».

Y el niño crecía y se fortalecía en espíritu;
y vivió en lugares desiertos hasta el día en que
apareció en público a Israel.

LUCAS 1:76-80

DESEAR LA PAZ DE DIOS

TRACEY MITCHELL

He conocido a la autora, oradora y evangelista Tracey Mitchell desde hace unos quince años. Casi todos los años nos reconectamos en la Convención Nacional de Radio (NRB). He visto crecer su ministerio a medida que ella buscaba la voluntad del Señor, confiaba en la ayuda del Espíritu Santo y como resultado tomaba las decisiones correctas que condujeron a nuevas maneras de servir a su Señor y Salvador, Jesucristo.

Hace unos años, me vi tentada a tomar un atajo hacia el éxito. Sucedió bien avanzada una tarde cuando recibí una llamada de la agencia de talentos de la costa oeste. La persona que llamaba preguntaba si podía reunirme con su representante en Dallas para hablar sobre cómo la empresa podría promocionar mi trabajo. Emocionada por la oportunidad, reorganicé mi agenda y conduje hasta Texas. Me gustaría poder decirte que pasé

horas orando antes de salir de casa, pero no fue así. Si le hubiera prestado más atención a ese impulso interior del Espíritu Santo, nunca habría accedido a ir a esa reunión. La verdad es que a veces no vemos la trampa del enemigo hasta que estamos dentro de ella.

Después de almorzar con los miembros de la agencia, me acompañaron a una *suite* para reunirme con el vicepresidente y otras personas importantes. La charla fue cordial, y los representantes me ofrecieron una presentación impecable y un paquete económico que era más lucrativo de lo que podía haber imaginado. No solo incluía miles, sino millones.

Si soy sincera, las palabras que me dijeron fueron tan seductoras como la oferta. Usaron frases que mi corazón herido anhelaba escuchar. Después de oír la propuesta durante unas horas, me pusieron una pluma de oro en la palma de la mano. En lo que parecía un momento cinematográfico, un hombre se inclinó hacia delante y señaló: «¡Todo esto puede ser tuyo! Lo único que tienes que hacer es firmar con nuestra agencia». Ellos sonrieron y yo asentí con la cabeza. A fin de cuentas, en ese contrato estaba exactamente todo aquello para lo cual yo había empleado décadas de trabajo. Al inclinarme para firmar, mi corazón se desanimó y mi paz se esfumó. De un modo que me resulta difícil explicar, sentí como si hubieran sacado todo el oxígeno de la habitación.

Los miré fijamente y ellos me miraron a mí. El hombre me hizo una seña para que tomara el papel, pero yo retiré la mano. No podía explicar mi reticencia. ¡De hecho, me puse muy nerviosa! Ellos me acercaron el contrato y sentí que el Espíritu Santo me empujaba hacia atrás. Había caminado con Dios el tiempo suficiente para saber lo que se siente cuando Él dice: «Tracey, esto no es para ti». Salir de esa sala sin un contrato fue una de las cosas más difíciles que he hecho jamás. En realidad, mientras manejaba de regreso a casa, lloré amargamente. Me tomó un tiempo encontrar consuelo en saber que Dios nunca me pediría que me alejara de algo, si Él no tuviera otros planes más significativos para mí en el futuro.

Cuando miro hacia atrás a esa oportunidad de negocio, me doy cuenta de que podría haber caído rápidamente en una trampa tan fuerte que nunca hubiera sido capaz de salir de ella. Dios me protegió retirando su paz.

También aprendí que no todo lo que nos seduce y aleja del perfecto plan de Dios para nosotros parece malvado. A veces, la trampa está puesta de una forma que no parece ni buena ni mala, sino simplemente cómoda.

PARA REFLEXIONAR

¿Qué es lo principal que has aprendido de la historia de Tracy? ¿Por qué? ¿En qué situación actual de tu vida, si hay alguna, lo puedes aplicar o te podría ser de utilidad? Explica.

Regocíjense en el Señor siempre. Otra vez lo diré:
¡Regocíjense! La bondad de ustedes sea conocida
de todos los hombres. El Señor está cerca. Por nada
estén afanosos; antes bien, en todo, mediante oración
y súplica con acción de gracias, sean dadas a conocer
sus peticiones delante de Dios. Y la paz de Dios,
que sobrepasa todo entendimiento, guardará sus
corazones y sus mentes en Cristo Jesús.

FILIPENSES 4:4-7

EN GUARDIA

JAY STRACK

Conozco a Jay Strack desde hace más de treinta años y he visto a su ministerio, Student Leadership University, tocar las vidas de miles de
adolescentes, a menudo con la sencilla enseñanza de que Dios es un Dios de paz que se
interesa profundamente por cada uno de nosotros.

Durante varias décadas, he confiado en la instrucción
del apóstol Pablo en Filipenses 4:4: «Regocíjense en
el Señor siempre». En este capítulo, Pablo se enfocó en el
deber, la disciplina y el deleite de regocijarse en el Señor
de todo. El mandato se aplica a todas las circunstancias,
incluso al pecado pasado que todavía intenta arrastrar-
nos a la depresión y robarnos la esperanza. Para Pablo,
esta disciplina requería un gran esfuerzo, porque él recordaba a diario su pasado asesino en el que perseguía a los
cristianos que ahora amaba y cuidaba. Además, Pablo
enfrentaba constantemente la amenaza del sufrimiento

y la cárcel. Aun así, en ese mismo versículo repitió: «Otra vez lo diré: ¡Regocíjense!», como si quisiera enfatizar aún más que ninguna situación o desafío estaba exento. Esa tenacidad en cuanto a regocijarse fue una marca en la vida de Pablo, al igual que lo debe ser en la vida de cada creyente.

Como escribió un autor anónimo: «La paz es la sonrisa de Dios en el alma de un creyente». Tal vez Pablo pensó algo similar mientras continuaba el mandato de regocijarse con la frase: «La bondad de ustedes sea conocida de todos los hombres» (v. 5). Seguro que una no puede existir sin la otra. Regocijarse es mostrarles paz a otros. Tan importante es la paz de Dios, que Pablo comenzó cada una de sus epístolas con una bendición de paz.

El optimismo en lugar del pesimismo es posible, explicaba Pablo, cuando «sean dadas a conocer sus peticiones delante de Dios» (v. 6). Pablo entendió el poder de pedir, creer y mostrar gratitud. En esos días en los que el Señor es el único que puede eliminar la barrera o el único que aún permanece a tu lado, «sean dadas a conocer [tus] peticiones delante de Dios».

La paz de Dios se origina en Dios mismo, y esta paz «sobrepasa todo entendimiento». Al mismo tiempo, es el gran regalo que «guardará sus corazones y sus mentes en Cristo Jesús» (v. 7). Indagando sobre la imagen histórica

de este pasaje, me imagino que las personas a las que se dirigía Pablo en ese tiempo estaban acostumbradas a ver a los centuriones romanos haciendo guardia en las legiones de ejércitos más famosas del mundo conocido. Ellos entendieron de inmediato el poder de esta paz de Dios para proteger, defender, guardar, vigilar y permanecer firmes delante del enemigo.

En tiempos de cambio cultural, división, conflicto, traiciones, falta de honestidad y decepciones —y la lista continúa— podemos reclamar la paz de Dios como nuestra protección. Lo explicaré destacando primero que siempre me ha conmovido ver la guardia uniformada en la Tumba del Soldado Desconocido del cementerio de Arlington. En el lado del sarcófago de mármol hay esculpidas tres figuras griegas que representan la paz, la victoria y el valor. La parte trasera de la tumba tiene grabada la frase: «Aquí descansa en honrosa gloria un soldado estadounidense al que solo Dios conoce». La tumba está protegida a todas horas, los 365 días del año, bajo cualquier circunstancia climatológica. Esos guardias militares nos ofrecen una hermosa imagen de la paz de Dios que guarda nuestro corazón y nuestra mente. En toda condición; en toda circunstancia; en todo tiempo. Él conoce tu nombre.

PARA REFLEXIONAR

Repasa el pasaje inicial de hoy, Filipenses 4:4-7. ¿Cuál de los mandatos es más fácil de obedecer? ¿Qué mandato te cuesta más obedecer? ¿Por qué? ¿Y qué pasos puedes dar para lograr una mayor obediencia? En definitiva, los mandatos de Dios son siempre para nuestro bien.

Venga a mí Tu compasión, para que viva,
Porque Tu ley es mi deleite.
Sean avergonzados los soberbios, porque me
agravian con mentira;
Pero yo en Tus preceptos meditaré.

SALMOS 119:77-78

LOS MANDAMIENTOS
DE DIOS SON PARA TI

A pesar de lo que nos parezcan algunos de ellos, todos los mandamientos de Dios son para nuestro beneficio, porque a Él le encanta bendecirnos con vida y paz. Siempre que nos apartamos de la Palabra de Dios, nos apartamos tanto de la vida como de la paz.

A pesar de que nos alejemos de Él, nuestro Dios bueno sigue queriendo guiar nuestros pasos por medio de su Espíritu y protegernos del maligno. Y Dios siempre será así. De hecho, Dios es inmutable, lo cual significa que nunca cambia. Él actúa basado en principios inmutables eternos, y por eso podemos edificar nuestra vida sobre sus promesas.

Al buscar al Señor y pedirle su ayuda para entender su verdad y edificar nuestra vida sobre ella, descubrimos que la verdad de Dios facilita nuestra fidelidad a nuestro llamado.

Además, por el poder del Espíritu Santo, el Señor suplirá todo el conocimiento bíblico que necesitemos a través del Espíritu. Aun así, es sabio memorizar ciertos

versículos de las Escrituras para guiarnos y protegernos mientras buscamos servir a Jesús. En mi vida, cada versículo que memorizo y atesoro en mi corazón se convierte en un escudo para la batalla y una espada de la verdad para mi testimonio.

Según he ido envejeciendo, mi relación con el Señor se ha convertido en lo más importante. También aprecio profundamente la paz que no puedo explicar, una paz que tengo en cualquier circunstancia de la vida.

Más importante aún, aprecio la paz que tengo con mi Salvador.

PARA REFLEXIONAR

¿Por qué te alejas —y esto nos sucede a todos— de mandamientos que son para tu propio bien y conducen a la vida y la paz? ¿Qué pasos puedes dar para lograr una mayor obediencia? En definitiva, los mandamientos de Dios son para nuestro bien.

Bendice, alma mía, al Señor,
Y bendiga todo mi ser Su santo nombre.
Bendice, alma mía, al Señor,
Y no olvides ninguno de Sus beneficios.
Él es el que perdona todas tus iniquidades,
El que sana todas tus enfermedades;
El que rescata de la fosa tu vida,
El que te corona de bondad y compasión [...]
Porque como están de altos los cielos sobre la
tierra,
Así es de grande Su misericordia para los que le
temen.
Como está de lejos el oriente del occidente,
Así alejó de nosotros nuestras transgresiones.

SALMOS 103:1-4, 11-12

EL PERDÓN ES ALGO MARAVILLOSO

Las Escrituras nos dicen claramente que Dios nos ama tal como somos y quiere que cada parte de nuestro ser —cuerpo, alma y espíritu— se acerque más a Él y tenga una relación gozosa con Él. Dios busca adoradores que le entreguen con alegría todo lo que son. Jesús pagó el sacrificio supremo para que la puerta de entrada a Dios se abriera y pudiéramos tener una relación personal con el Padre. Cuando Dios nos mira desde arriba, nos ve como personas puras, sin pecado y perfectas, y todo gracias a Jesús. Este regalo se le da a todo aquel que acepta a Jesús como su Señor y Salvador personal, y somos bendecidos más allá de lo que podamos imaginar. Por lo tanto, permitamos que cada día esté lleno de la presencia de Dios mientras caminamos por la vida de la mano con nuestro Señor y Salvador. Dios tiene un plan para nosotros. No dejes que tu vida se pierda nada de lo que Dios ha planeado para ti. Si no has aceptado su regalo, hazlo hoy y deja que su luz brille a través de ti. Con el perdón de Dios viene también la bella recompensa de la paz.

PARA REFLEXIONAR

Deja que hoy sea el primer día del resto de tu vida. Eres un hijo del Rey. Dios está esperando pacientemente a fin de guiarte y dirigir tu vida para su gloria y tu beneficio.

RECONOCIMIENTOS

Quiero darles las gracias de todo corazón a las veinte personas que han contribuido con sus historias de paz en medio de situaciones difíciles. Cada uno de ustedes compartió cómo Dios lo ayudó a encontrar paz e hizo que este libro fuera significativo para el lector. Dios cuida de nosotros, y su contribución lo dejó totalmente claro en las muchas situaciones presentadas en este libro.

Roland Colson

Marsha Countryman

Beau Fields

Hank Hanegraaff

O. S. Hawkins

Joey Hickman

Jimmy Houston

Brian Jorgenson

Dr. James Law

Scott Lehman

Anne Graham Lotz

Tracey Mitchell

Regina Prude

Bruce Pulver

Beth Ryan

Diane Strack

Jay Strack

Steve Sturges

Chuck Wallington

Dr. Don Wilton

ACERCA DEL AUTOR

Jack Countryman es el fundador de los libros de regalo JCountryman, una división de Thomas Nelson, y el ganador del premio Jordan Lifetime Achievement de la Asociación de Editores Cristianos Evangélicos. Durante los últimos treinta años ha creado libros de regalo que han sido éxitos de ventas, como *Promesas de Dios para cada una de tus necesidades*, *Promesas de Dios para niños*, *Promesas de Dios para niñas* y *La clave de Josué y La clave de Pascua*. Las ventas de los libros de Countryman superan los veintisiete millones de unidades. Solamente sus libros de graduación han vendido más de un millón seiscientas mil unidades.